La novela en el siglo XX

Antonio Cerrada Carretero

EDITORIAL PLAYOR

LECTURA CRÍTICA DE LA LITERATURA ESPAÑOLA
Coordinador: Javier Huerta Calvo

Ilustración de cubierta:
Fragmento de un grabado en madera
del libro *Stultiferae Naves,* impreso
en Burgos en 1499 por Fadrique de Basilea

    I.S.B.N.: 84-359-0351-6
    Depósito Legal: M-37200-1983
    Diseño de la cubierta: Tony EVORA
    Editorial Playor
    Dirección Oficina Central: Santa Polonia, 7, MADRID-14
    Teléfono: 429 51 25
    Printed in Spain
    Impreso en España

ÍNDICE

I. HISTORIA

II. TEORÍA Y CRÍTICA

III. COMENTARIO DE TEXTOS

BIBLIOGRAFÍA

En el volumen 1 de esta *LCLE* se encontrará la justificación metodológica de esta Colección.

I
HISTORIA

1. EL PRIMER TERCIO DEL SIGLO: 1900-1936

Si en el siglo XIX la narrativa acabó encontrando unos amplios y seguros cauces de expresión en el Realismo y en el Naturalismo, en el siglo XX la situación se nos presenta mucho más compleja. Encontraremos una novelística «inquietante», tanto por sus contenidos como por la continua transformación formal que persigue sin cesar.

De ello se desprende la dificultad de establecer unas «corrientes» narrativas básicas, como ocurría en el siglo XIX, con rasgos uniformes (cf. *LCLE*, t. 14). La renovación será el signo de nuestro tiempo. No en vano surgen en los inicios del siglo una serie de vanguardismos, cuyo fin principal será romper con el pasado, lanzándose al encuentro de nuevas formas expresivas que consigan el hallazgo novedoso, creador, evocativo, sorprendente y, por supuesto, transformador del mundo y de las conciencias. Ramón Gómez de la Serna, en su admiración por la originalidad renovadora, afirma: «La invención debe ser incesante [...] Lo nuevo es un deber para el artista» (1943: p. 16).

Pero esta necesidad de cambio y de renovación no es sólo fruto de un cansancio expresivo o del agotamiento de unas fórmulas que ya habían sido aprovechadas al máximo, sino que está sustentada por una concepción del mundo distinta, nacida a su vez de unas coordenadas históricas muy diferentes a las que imperaban en el siglo anterior. Si la respuesta de los literatos españoles —a través del 98— se adelanta en su tiempo a la de los europeos, se debe a las características de la situación española.

Hay, por supuesto, factores comunes. Las tensiones sociales, el nuevo ordenamiento político-geográfico surgido tras la Primera Gran Guerra, el crecimiento de los grupos obreros ya perfectamente organizados en una plena actividad sindical e ideológica de signo marxista y anarquista, animados por el triunfo de la Revolución en Rusia; y, por último, el nacimiento de los movimientos fascistas en torno a los años treinta, son hechos históricos en los que España participa plenamente.

La respuesta de los intelectuales y de los artistas es, en consecuencia, similar en todas partes: desconfianza en los valores heredados, con la consiguiente repulsa de los mismos y la búsqueda de otros nuevos. Sin embargo, no todo fue renovación. Dejando a un lado las peculiaridades del Modernismo y de los noventayochistas (cf. *LCLE*, t. 17), veremos convivir las nuevas tendencias con una narrativa que se entronca en la tradición decimonónica.

1.1. Novela naturalista y erótica

Durante los primeros años del siglo XX se continúa la tendencia naturalista que, iniciada en España en la década de 1870, culmina en 1884-85 con *La Regenta,* permanece en auge hasta 1890 y se extiende —ya en abierta lucha con otras tendencias— durante la última década del siglo XIX y los primeros años del actual.

En realidad, el Naturalismo puro es tan poco cultivado en España que algún autor como Sainz de Robles niega prácticamente su existencia y sólo admite *La Regenta* como auténtica novela naturalista.

¿Pueden considerarse como ·tales Eduardo Zamacois y Felipe Trigo, que pasan por ser los padres del «Naturalismo erótico» español? Pienso que sí; en cuanto a la paternidad del género —Felipe Trigo es más viejo, pero Zamacois publica antes—, dejémoslo estar. En cualquier caso, habría que remontarse a escritores como Octavio Picón, nacido en 1852, el cual publicó un buen número de novelas con ingredientes eróticos y naturalistas.

A) *FELIPE TRIGO*

Nacido en 1864, ha sido injustamente olvidado, si bien en estos últimos tiempos está siendo estudiado con un interés que se merece, pues Trigo destaca como novelista por su capacidad para crear situaciones interesantes y por los temas, que abordó con apasionamiento y a la vez con suma libertad —al margen de pacatos prejuicios sociales—, así como por el dominio de las técnicas del relato. Trigo se acerca a los temas sexuales con una actitud mesiánica y casi cándida, viendo en el erotismo una fuerza redentora y liberadora, capaz de lograr la plenitud de la persona mediante la realización de un amor físico y espiritual. Este amor total, este «amor

Todo», unificador en sus novelas del vitalismo paganizante y de la espiritualidad cristiana, fue su ideal supremo. Hoy día, por supuesto, a nadie se le ocurriría calificar su obra de pornográfica.

La acusación más frecuente contra Trigo se da en el orden de la expresión lingüística: la riqueza de vocabulario no le excusa de usar una prosa arrítmica, bronca, de sintaxis descuidada y escasamente armoniosa.

Felipe Trigo, entre 1901 —con *Las ingenuas*— y 1916, año en que se suicidó, cuando más éxito alcanzaba con sus obras, publicó quince novelas largas y numerosos relatos breves. De las primeras, cabe destacar títulos como *Del frío al fuego* (1902), *Sor Demonio* (1905), *Las Evas del Paraíso* (1909), *Las posadas del amor* (1910), *El médico rural* (1912) y *Sí sé por qué* (1916).

B) *EDUARDO ZAMACOIS*

Debido a su larga vida (1876-1972) y a que desde muy joven se dedicó a la Literatura, es un autor en el que se ha producido una gran evolución. El mismo solía dividir su obra en dos partes. A una primera época corresponderían obras «galantes» (eróticas) de marcada tendencia pasional y no exentas de dramatismo, con títulos como *Punto Negro* (1897), *Incesto* y *Tic-Nay* en 1900, o *El seductor*. A la segunda, que iniciaría hacia 1910, cuando vuelve a un realismo tradicional, corresponderían obras como *Memorias de un vagón de ferrocarril* (1924) y la serie titulada *Las raíces,* con novelas como *El delito de todos* (1933) o *La antorcha apagada,* de 1935. Quizá, sus mejores novelas sean *El otro* (1910) y *La opinión ajena* (1913), preferida del autor. Esta segunda forma de novelar le acerca más directamente a la vida real, hasta el punto de que solía experimentar las situaciones que iba a narrar.

Zamacois, exiliado después de la guerra civil, parece decaer en su producción novelística, aunque publicará libros de memorias y obras de teatro. Fue un excelente narrador, con agudo sentido de la composición del relato, y con gran habilidad en «el desarrollo de los episodios y en la creación de personajes y situaciones». (Cf. Sainz de Robles, 1967: VI, pp. 448-9). Cabe destacar igualmente la tensión dramática de sus obras, el humor y su capacidad para describir ambientes, tanto urbanos como rurales.

Es dentro de esta tendencia donde cabe integrar todavía —aunque con ciertas reservas— a autores como **Pedro Mata** (1875-1946), **Rafael López de Haro** (1876-?), **Alberto Insúa** (1883-1963), **José Francés** (1883-1965), **Isaac Muñoz** (1885-1924), **Antonio de Hoyos y Vinent** (1885-1940) y otros, aún, como **Joaquín Belda** (1880-1937) y **José M.ª Carretero** (1888-1951) que, habiendo nacido todos ellos en el siglo XIX, publican la mayor parte de su obra en el siglo XX. Todos quedan aquí agrupados bajo el signo común de la novela erótica, de corte naturalista. E. de Nora (1973: I, p. 424), citando a Cejador, expone la siguiente síntesis caracterizadora:

> De los escritores contemporáneos de asuntos libertinos, Hoyos es más profundo y cuasi místico; Belda, más chirigotero, bufonesco y humorístico; Retana, más ático en el decir, más ameno y ligero, más sincero y realista, más desenfadado y libre.

Continuando la síntesis, se podría decir que Carretero escribe las novelas de tono más pornográfico y también más burdo, mientras que Alberto Insúa —que, quizá, no le va a la zaga en cuanto a relatar situaciones procaces— aparece como un escritor más dotado que el anterior para la observación psicológica. Por otra parte, en casi todos ellos se produce una evolución o, al menos, una alternancia en sus novelas, ya que unas insisten en el erotismo; en otras se observa un predominio costumbrista; vemos relatos de tono melodramático y folletinesco, e incluso, narraciones de tipo panfletario, puestas al servicio de Primo de Rivera, como ocurre con José M.ª Carretero.

1.2. La novela realista. La novela corta

Muy pronto se vuelve, pues, a un realismo tradicional, aunque se pusieran al día algunas técnicas. Simultáneamente, surge un fenómeno digno de tenerse en cuenta: la importancia que va a cobrar la novela corta que, después del siglo XVII, apenas si había sido cultivada por unos cuantos autores importantes del realismo y del naturalismo decimonónico.

Eduardo Zamacois, funda en 1907 la revista *El Cuento Semanal,* donde se darían a conocer numerosos narradores agrupados por Sainz de Robles (1967: VI, p. 451) precisamente bajo la denominación común de «generación del *Cuento Semanal*». Este mismo crítico nos da noticia de que dicha revista, con tiradas a veces de cien mil ejemplares, fue muy pronto imitada, de manera que hasta 1936 verían la luz nuevas publicaciones de este tipo en las que se publicarían más de diez mil novelas cortas, muchas de ellas de excelente calidad. En ellas publicaron autores que alcanzaron entonces una enorme popularidad, como **Concha Espina** (1877-1955), **Wenceslao Fernández Flórez** (1885-1964) (autor de vena humorística, muy celebrado por su capacidad de invención, su ironía y su prosa viva, correcta y cuidadísima), o **Manuel Ciges Aparicio** (1873-1936) y, por último, un nombre que, por la tan increíble como injustificada fama que alcanzó, no podemos dejar de mencionar: **Ricardo León** (1877-1943), autor retórico donde los haya, de lenguaje tan sonoro como acjentado y hueco.

1.3. La novela de Gabriel Miró

Felizmente, al mismo tiempo que Ricardo León escribía sus trasnochadas novelas, un nuevo y señero autor publicaría sus obras desde el silencio de su trabajo y desde la sensibilidad poética de su mirada. Gabriel Miró, nacido en Alicante en 1879, se dio a conocer con una novela corta, *Nómada*, en 1908, aunque ya había publicado *La Mujer de Ojeda* en 1901. Murió en Madrid (1930), sin haber conseguido el reconocimiento «oficial» de los académicos ni la popularidad, aunque sí la admiración de los críticos.

A Ortega y Gasset le entusiasmaba la prosa de Miró, pero nunca consiguió leer más de dos páginas seguidas y lo mismo les ocurre a numerosos lectores. ¿Cuáles son las causas? Podemos enumerar las siguientes: la descripción supera siempre la narración, lo estático predomina sobre lo dinámico, por lo que la acción es tan morosa y escasa que, en ocasiones, apenas se advierte; los personajes parecen ahogados en su propio medio, sin metas ni caminos; el tiempo también parece detenido y todo es recuerdo, evocación, observaciones, mirada paciente del entorno proyectada a su sentir actual o pasado; el diálogo es escaso, nunca vivaz, alejado del tono coloquial; la propia estructura es floja y los episodios aparecen faltos de coherencia, más como cuadros impresionistas sumados, que como acontecimientos y hechos pensados con la debida interacción; argumentos poco interesantes y, ya para acabar esta enumeración en la que hay elementos comunes a importantes autores de esta última década, una ausencia de apasionamiento y de intenciones ideológicas, que impiden al lector leer sus obras con interés, en tanto que novelas.

Lo que atrae, pues, la atención del lector es, casi en exclusiva, el lenguaje, caracterizado por una riqueza expresiva que pocos autores han logrado. En sus palabras hay a la vez evocación, sugerencia y materialidad. Sus palabras parecen dar cuerpo a los objetos y a los ambientes ante nuestros ojos, dotándolos, a la vez, de música, de color y de plena sensorialidad:

> Van pasando unas nubes muy raudas y bajas, de blancura de harinas y espumas, frescas, pomposas; y la ciudad, los huertos, los sembrados, los rediles y alcores se apagan, se enfrían a trozos; y enseguida vuelven a la claridad caliente y cincelada.
>
> ...Ornamentos de tisú blanco y de oro; nieblas retorcidas de incienso, cánticos y clamores triunfales de órgano, júbilo magnífico del

«Gloria in excelsis». Y de pronto se duermen las campanas; y en el día extático, ya todo azul, comienza un coloquio de gorriones, de niños y jardines (*El humo dormido*, «Jueves Santo», pp. 147-8).

Es, pues, un lenguaje que nos arrastra hacia un tiempo imposible, real e irreal a la vez; hacia un mundo estático y dormido que, sin embargo, es capaz de despertar todas nuestras sensaciones. Es un lenguaje perfecto, en suma, por la musicalidad de la cadena fónica, la combinación de los elementos del discurso y la disposición oracional de los períodos sintácticos. Fue Miró un escritor excepcional que evolucionó desde una prosa esencialmente modernista, hasta un lenguaje que, sin perder las aportaciones del Modernismo, ha desechado la simple vacuidad decadentista, para conseguir, a través de una madurada depuración —a partir de *El abuelo del rey* (1915)— un estilo más personal, más pleno y más poético.

Las cerezas del cementerio (1910), *Figuras de la Pasión del Señor* (1916), *Libro de Sigüenza* (1917), *El humo dormido* (1919), *Nuestro Padre San Daniel* (1921), *El obispo leproso* (1925) y *Años y Leguas* (1928), son consideradas como las mejores obras de Gabriel Miró.

1.4.   El «novecentismo» y la novela intelectual. Ramón Pérez de Ayala

Creo necesario aclarar que el «novecentismo» es un término que debe usarse básicamente en torno a una idea de orden intelectual, filosófico e ideológico, más que literario, estético o generacional. El no entenderlo así ha llevado a una frecuente confusión en su uso y a la adscripción de determinados autores a este movimiento. Así, es frecuente ver incluidos a R. Gómez de la Serna, Miró y a R. Pérez de Ayala, por ejemplo, cuando es evidente que su estética es absolutamente distinta, así como es evidente también en Miró o en Gómez de la Serna la ausencia de una preocupación reformista e intelectualista, rasgo propio de los hombres que forman el «novecentismo».

Si numerosos autores quedan tradicionalmente englobados en el novecentismo se debe a que en dicho movimiento se defiende una estética «deshumanizada», lo que expresa una concepción del arte común a casi todas las formas de la vanguardia. De ahí la posible confusión. Pero, a mi parecer, dentro de la narrativa sólo un autor puede señalarse con rigor como «novecentista», por darse en él todos los rasgos indicados: preocupación intelectual, racionalista, política, ideológica, científica y estéticamente deshumanizada (cf. G. Díaz Plaja, 1975). Me refiero, claro, a Ramón Pérez de Ayala, que, sin embargo, es estudiado a veces como epígono del 98. (Cf. Donald Shaw, 1977: pp. 236-45.)

Pérez de Ayala nace en 1880, en Oviedo, y tras pasar seis años de estudio en colegios jesuitas, estudia leyes en su ciudad natal. Amplió estudios en Londres y después del suicidio de su padre por problemas financieros, ejerció como periodista. Todos estos datos se verán reflejados en sus obras. Antimonárquico, fundó con Ortega y con Marañón la «Agrupación al Servicio de la República». Tras la guerra marcharía al exilio, para regresar a España en 1954, donde residió hasta su muerte, en 1962.

El autor, en su novelística —muchos temas los desarrollará en forma de ensayo—, diserta en tonos didácticos, líricos, intelectuales o moralizadores sobre la degradante realidad de la vida española de su tiempo. No en vano se le ha considerado hijo del espíritu noventayochista. De esta manera, la brutalidad y la incultura, la educación (antieducación), servida por los colegios jesuitas, la vida madrileña exenta de aspiraciones y con frecuencia chabacana y grosera, son temas que van apareciendo a lo largo de su producción en obras como *Tinieblas en las cumbres* (1907), *A.M.D.G.* (1910), *La pata de la raposa* (1912), donde se plantea el conflicto arte-vida, y *Troteras y danzaderas* (1913), protagonizadas todas ellas por el escéptico, esteta, cínico y, aún así, atormentado, «Alberto Díaz de Guzmán». Estas cuatro novelas son denominadas por su autor «generacionales» y están escritas con técnica varia, pero con predominio del realismo.

A estas las siguen en un volumen, en 1916, *Prometeo, Luz de domingo* y *La caída de los limones,* la mejor de las tres, agrupadas como «novelas poemáticas de la vida española», donde cabe encontrar alegorías y símbolos bajo una intención nuevamente didáctica, aparte de algunos recursos formales que podrían cuestionar su condición de novelas «realistas».

Pero la verdadera «novela intelectual» de Pérez de Ayala no cuajará hasta *Belarmino y Apolonio* (1921), que será seguida de *Luna de miel, luna de hiel,* y *Los trabajos de Urbano y Simona,* ambas de 1923. Finalmente, dejando al lado algunas publicaciones, aparecen en 1926 *Tigre Juan* y *El curandero de su honra.* Tres son los temas tratados. En el primero, la posibilidad de aunar en síntesis total el ser y el parecer, el pensamiento y la acción, simbolizados respectivamente por el filósofo (Belarmino) y el dramaturgo (Apolonio). En las dos siguientes trata el tema de la falsa, mojigata e hipócrita educación sexual, con técnica realista-costumbrista y con marcado psicologismo respecto a la evolución de los protagonistas. Por último, las novelas protagonizadas por «Tigre Juan» —fuerte carácter y rotunda creación, símbolo de la intransigencia y del tradicional sentido del honor—, tocan el tema de la honra. En estas novelas los protagonistas son casi meras ideas dialogantes, abstracciones sin cuerpo ni peripecia, sobre todo en la novela *Belarmino y Apolonio* —dos ideas disfrazadas de zapateros—, en la que las numerosas novedades formales aproximan a Ayala a la novela experimental, con un lenguaje siempre perfecto, levemente arcaizante y no exento de humor y de ironía.

Inesperadamente, después de 1926, Ramón Pérez de Ayala deja de publicar nuevas obras, justo en el momento en que parecía haber alcanzado su plena madurez como novelista.

1.5. La vanguardia y los «Nova novorum»

A) *RAMÓN GÓMEZ DE LA SERNA (1888-1963)*

Si algún autor debe figurar a la cabeza de los vanguardistas es, sin duda, Ramón Gómez de la Serna, el cual contribuyó a la difusión de las nuevas ideas estéticas con su propia obra de creación, con su bellísimo ensayo *Ismos* y con sus conocidas extravagancias, a tono con el ánimo vanguardista. El propio Ramón, en su obra citada, recoge la significativa frase dadaísta: «¡Después de nosotros, la blenorragia!» (p. 252).

Publicó su primera obra en 1905, a los diecisiete años, consiguiendo vivir exclusivamente de la literatura, hasta su muerte. No creo pueda sumarse a los novecentistas, pues Ramón, según Guillermo de Torre «no siente España como problema, sino como espectáculo» (1955: p. 10), y jamás se propuso, como Pérez de Ayala, fines didácticos, moralizadores o ideológicos. Sólo quiso hacer literatura de vanguardia, sin otras intenciones.

En la construcción de sus novelas no es un innovador sistemático; pero ocurre que Ramón «va por libre» y lógicamente sus obras no son novelas al uso. Lo que destaca especialmente en sus obras son los contenidos (casi siempre de trasfondo erótico), tanto por su enfoque —suelen representar una mezcla de realismo detallista vuelto del revés, hasta mostrar una realidad imposible e incongruente— como por su exposición y disposición, no sometida a normas narrativas previamente fijadas y, en cualquier caso, de escasa acción y de pobre argumento. Si a todo esto añadimos un lenguaje libre —presto a la sorprendente asociación semántica, retóricamente sobrecargado en ocasiones, hasta llegar a una peculiar incoherencia tan extravagante como sus propios personajes; un lenguaje lleno de «ingeniosidades» que rondan el disparate, lo humorístico o lo poético, mediante mecanismos semánticos y sintácticos capaces de reproducirse a sí mismos, envolventemente, hasta el infinito—, podremos comprender, entonces, la peculiar forma literaria usada por Ramón en todas sus novelas. Alcanzará la plena madurez a partir de las publicadas en 1922.

Entre sus obras, son las más destacadas las siguientes: *El doctor inverosímil* (1914), *El Chalet de las Rosas* (1923), *La Quinta de Palmyra* (1923), *El novelista* (1924), *El torero Caracho* (1926), *La Nardo* (1930), *El hombre perdido* (1946) y *Las tres gracias* (1949).

B) *BENJAMÍN JARNÉS (1888-1949)*

Este autor ingenioso, que encontramos al frente de los «Nova novorum» —término acuñado por Ramón Ledesma Miranda, a partir de la colección editada con dicho título por la Revista de Occidente— va a llevar hasta el rigor experimentalista lo que en Gómez de la Serna no fueron sino genialidades asistemáticas, alcanzando el máximo grado de «deshumanización» en la narrativa del momento. Sus novelas presentan un mundo aparentemente confuso e impreciso, aislado de cualquier sostén argumental; en ellas apenas hay acción y la incoherencia en la disposición de los elementos invita al lector atento a recomponer y reorganizar el conjunto. Se trata, pues, de una obra que exige la colaboración inteligente del lector que se enfrenta a una novelística exenta de emoción y de sentimientos. Es el momento de la novela experimental y de la «poesía pura».

En el caso de Jarnés, sus novelas mostrarán un lenguaje refinado, culto, lleno de equilibrado clasicismo, con palabras cinceladas por la exactitud del concepto y por la armonía de la combinación en el discurso, a lo que es preciso añadir una gran riqueza expresiva no exenta de lirismo, derivada del empleo —a veces, abusivo— de la metáfora ingeniosa o del juego de palabras, próximo a la «greguería» de Ramón (J. M. Martínez Cachero, 1967: VI, p. 430).

Benjamín Jarnés, con obras como *El Profesor inútil* (1924), *Paula y Paulita* (1929), *Locura y muerte de nadie* (1929), *Libro de Esther* (1935) o *Venus dinámica* (1943), destaca sobre otros posibles componentes de este grupo experimentalista y «deshumanizado», como puedan ser **Antonio Espina** (1894-1974), **Mauricio Bacarisse** (1895-1931), **Rosa Chacel** (1898), **Corpus Barga** (1888-1975), **Juan José Domenchina** (1898-1959), **Juan Chabás** (1898-1954), y el mismo **Pedro Salinas** (1891-1951).

1.6. La novela social. Ramón J. Sender

Es importante la novela social en cuanto a autores, obras, y por la continuidad que tendrá este tipo de narrativa, cuyos primeros antecedentes se encuentran ya en la novela picaresca. Ahora bien, antes de continuar, observemos una interferencia entre lo que podríamos llamar novelas de asunto social y novelas que, además, contienen una fuerte intención de denuncia, con un claro predominio de la función conativa, en cuanto que invitan al lector a tomar partido, a «comprometerse» en la transformación ideológica, política y socioeconómica de su propio país. Así entendido el concepto de novela social, encontraremos numerosos novelistas considerados de segunda y de tercera fila, entre los cuales hay muchos completamente olvidados, aunque de un modo injusto si atendemos a quienes en algún momento se han ocupado de su estudio.

No nos sorprende el nacimiento de una novela social si consideramos los múltiples sucesos históricos que se viven durante estos treinta años. En 1902 accede al trono Alfonso XIII, finalizando la larga regencia de María Cristina. A partir de este momento comienza a descomponerse el sistema canovista, a la par que se organizan políticamente nuevas formas sociales como Solidaridad Obrera, fundada en 1907, de donde nacerá la C.N.T. en 1911. Numerosas huelgas terminan a menudo sangrientamente como ocurre con la Semana Trágica de Barcelona en 1909, o la huelga general de 1917, sofocada por el ejército. La agitación social crece rápidamente, alimentada por varios factores: la inacabable guerra con Marruecos (1909-1927); la actividad anarquista; la existencia de un amplísimo proletariado y de un campesinado empobrecido, que contrasta con los grandes capitales producidos por la industria y con los inmensos latifundios; el triunfo de la Revolución en Rusia y la creación del Partido Comunista de España en 1921; la dictadura de Primo de Rivera en 1923; el desarrollo del fascismo en Europa; el aumento de los problemas económicos con la declarada crisis mundial de 1930, etc. No puede extrañarnos, pues, que los novelistas reflejen con mayor o menor intensidad las tensiones políticas y sociales de la época.

Entre ellos, pueden ser citados **José López Pinillos** «Pármeno» (1875-1922), **Eugenio Noel** (1875-1936), **Manuel Bueno** (1874-1936), **Manuel Ciges Aparicio** (1873-1936), **Vicente Díez de Tejada** (1872-1940), **Fernando Mora** (1878-1939), e incluso, Concha Espina (1877-1955). Y entre los autores más cercanos al «compromiso», con obras publicadas básicamente entre 1928 y 1936, debemos recordar a **Manuel Benavides** (1895-1947), **José Díaz Fernández** (1898-1940), **César Arconada** (1900-1964), **Andrés Carranque de Ríos** (1902-1936), **Joaquín Arderíus** (1890-?) y **Ramón J. Sender** (1902-1981). Se puede afirmar que los verdaderos precursores de la novela «social realista» de los años cincuenta —en cuanto a asunto, exposición, denuncia, ideología y compromiso— son solamente los autores citados en la segunda serie.

Entre los primeros, por el contrario, sólo podemos observar una preferencia por el tema social, utilizado como telón de fondo de unas obras donde predomina el realismo de tipo costumbrista, derivado hacia lo sentimental (Concha Espina), lo sensual y lo erótico (López Pinillos) o hacia el populismo, como Manuel Ciges Aparicio, el más próximo de todos ellos a los citados en la segunda relación. El lenguaje de estos novelistas tiene algo en común: tienden al retoricismo, salvando quizás a Manuel Bueno, cuyo lenguaje es de «un estilo llano hasta el descuido» (Nora, 1973: I, p. 285) y están casi siempre faltos de fuerza expresiva. Hay entre ellos quien, como López Pinillos, utiliza un lenguaje vulgar, con tendencia a destacar brutalmente determinados aspectos de la realidad que lo aproximan al «tremendismo» de Cela; hay quien, como Eugenio Noel, lleva su lengua por barrocos recovecos y quien, como Concha Espina, deriva hacia un lenguaje convencional, en exceso edulcorado, hasta llegar, incluso, por una extraviada concepción estetizante, fantasiosa y «poética» de la expresión, a la más completa ñoñería. De Concha Espina, sin embargo, es preciso resaltar una de sus novelas, el *Metal de los muertos* (1920). En todos estos novelistas se encuentra un rasgo común. No hay en ellos ninguna convicción ideológica fuerte, capaz de llevarles a una auténtica denuncia de los problemas que plantean, cuestión que no surgirá hasta los autores de la segunda serie.

Así, José Díaz Fernández, novelista social que ya en 1928 había publicado *El blocao,* manifestará sus criterios teóricos sobre el compromiso del escritor en *El nuevo romanticismo,* «Polémica de arte, política y literatura» (Madrid, 1930), abogando por una literatura revolucionaria, término que prefiere al de literatura proletaria, a la vez que reniega de los «ismos» y de la concepción del «arte por el arte». Surge así una novela social con la que los narradores españoles se igualan en la respuesta ante la situación mundial, a lo que otros novelistas hacían ya también en el resto del mundo. Baste con recordar al respecto, a los inconformistas norteamericanos de la «generación perdida», o el auge de la novela indigenista entre los sudamericanos.

Pues bien, todos estos autores (cf. Nora, 1973: II, pp.437-83), de los que Joaquín Arderíus y Manuel Benavides podrían considerarse especialmente precursores, muestran una preocupación por la redención del proletariado lo que les aproxima a una novela testimonial y comprometida. Entre estos autores hay bastantes diferencias de estilo, de vigor narrativo y de orientación de fondo en el tratamiento de los temas; así, Arderíus tiende hacia el más absoluto nihilismo, mientras Benavides camina desde un humanismo con rasgos marxistas hasta el panfleto combativo. José Díaz Fernández se queda en un ingenuo deseo pacifista, anhelando un mundo donde prime la solidaridad humana, sin «aprioris» ideológicos. Sender, por su parte, realiza una denuncia tan peculiar que habría que entrecomillarla. En realidad, exceptuando sus primeras obras, no se puede hablar en rigor de una novela social en Sender. Muy pronto deja de tratar esta temática directamente y, si aparece, es sólo como un ingrediente novelesco más, dentro del fondo histórico en el que suele dar vida a sus personajes. Ideológicamente, no tarda mucho Sender en oponerse al comunismo e incluso llegará con el tiempo a una despiadada y sarcástica crítica del mismo; bastaría recordar algunos párrafos de su último libro, *Álbum de radiografías secretas* (1982). No es de extrañar, por tanto, el vacío en que muy pronto se vio Sender, que le llevó, dentro del exilio, a un aislamiento de sus, antaño, compañeros.

Nacido en 1902, Ramón José Sender Garcés será uno de los novelistas más prolíficos e importantes de nuestra narrativa. Se manifestó siempre como un narrador puro, predominantemente realista, poco dado a innovaciones técnicas y amigo de dotar a sus obras de un fondo histórico que, en muchas ocasiones, es más un elemento «ambientador», que estructural (cf. Nora, 1973: pp. 474-5). Sanz Villanueva (1972: pp. 102-8) agrupa a Sender con Alvaro Cunqueiro bajo la común clasificación de «realismo mágico», advirtiendo también de la dificultad de encasillarlo en alguna corriente concreta.

Comienza su producción con *Imán* (1930) y luego recibe dos veces el Premio Nacional de Literatura, otorgado por la República: en 1935 con *Mr. Witt en el Cantón*, y en 1937 con *Contraataque*. Añadamos que recibió el Planeta en 1969 con su novela *En la vida de Ignacio Morel* y el Ciudad de Barcelona de 1967 con *Crónica del Alba* (1942-1966), cuyo protagonista recibe el segundo nombre y el segundo apellido del autor.

Lo que nos ha permitido agruparlo entre estos escritores sociales son sus obras *Imán*, *O.P.* (Orden Público) de 1931, *Siete domingos rojos* (1932) y *Mr. Witt en el Cantón*, aunque pronto abandona esta línea. Después, dada su extensa y variadísima creación, igual hubiéramos podido encuadrarlo en cualquier grupo posterior. Si lo hacemos aquí, es para que nos sirva de puente entre la preguerra y la postguerra.

Después de 1939 son sus mejores novelas *Epitalamio de Prieto Trinidad* (1942), *Mosén Millán*, titulada luego *Requiem por un campesino español* (1953), *Los cinco libros de Ariadna*, (1957), *Carolus Rex* (1963), *La aventura equinoccial de Lope de Aguirre* (1964) y otras obras ya citadas, a las que habría que añadir, por muy leída, *La tesis de Nancy* (1969).

Con una obra extensa, variadísima y múltiple, se configura Sender como un novelista vocacional, espléndido, capaz de captar el interés del lector en cualquiera de los temas que trata, aunque su calidad tenga numerosos altibajos. En muchas ocasiones, será su afán por introducir pequeñas dramatizaciones tangenciales al texto, o su empeño en filosofar y en acumular consideraciones sobre todo lo humano y lo divino, lo que acaba restando valor estético a sus novelas.

Sin embargo, tal vez lo más eficaz sea su ya mencionada capacidad para crear argumentos y situaciones de sumo interés, dentro de un lenguaje armonioso, sencillo y exento de retóricas, enmarcando el relato en conocidos fondos históricos, que aparecen superados por la introducción de elementos mágicos, llenos de fantasía y, a veces, de lirismo.

Curiosamente, cuando, después de la Guerra Civil y concretamente en 1950, cobra auge la novela «social realista», los narradores no buscan sus modelos en estos autores, sino en otras literaturas (Corrales Egea, 1971: p. 29). Es, sin embargo, a partir de 1970 cuando se reeditan estos novelistas.

2. LA NOVELA DURANTE LA GUERRA CIVIL

En 1936, en contra de la opinión comúnmente generalizada respecto al corte en la creación literaria —sin referirnos a la literatura panfletaria del momento—, Martínez Cachero señala que la guerra no hizo decaer la narrativa «ni en calidad ni en cantidad» (1980: p. 8) puesto que ya era casi «inexistente a la altura de 1936) (*Idem.*).

De este modo, podemos constatar la publicación de bastantes novelas durante los años de la contienda. En 1937 se concede el Premio Nacional de Literatura a Sender por su novela *Contraataque,* y en 1938 se otorga el mismo a *Acero de Madrid,* de **José Herrera Petere** (1909-1977). Aparecen también *El asedio de Madrid* (1938), de Zamacois, más tarde exiliado; y la obra *Río Tajo,* de César Arconada. Por el lado franquista se pueden destacar las novelas publicadas por Concha Espina, con *Retaguardia* (1937); **Rafael García Serrano** (1917), con *Eugenio o la proclamación de la primavera* (1938); la obra *Madrid, de corte a cheka* (1938), con dos ediciones en el mismo año, de **Agustín de Foxá** (1903-1959); y *Se ha ocupado el kilómetro 6* (1939), de **Cecilio Benítez de Castro** (1917).

Con el final de los enfrentamientos surgirá una novelística centrada en los temas bélicos y en una solapada «denuncia» de la situación social y económica a través, simplemente, de una desnuda exposición de la realidad.

Tal será, pues, el signo de la novela en los años que suceden a la implantación de la dictadura franquista.

3. LA NOVELA A PARTIR DE 1940

Dejando al margen ciertos autores independientes o que continúan la obra iniciada antes de 1936, ya sea desde el exilio, ya desde el interior, resulta curioso comprobar que, casi en cada década, pueden configurarse unas tendencias muy determinadas. Así, en los años cuarenta toma fuerza la novela «realista-tremendista»; en los cincuenta se inicia la novela «realista-social», en los sesenta encontramos el «realismo social-dialéctico», junto a la influencia del «nouveau roman» y de los autores hispanoamericanos; y, finalmente, en los años setenta se afianza una novela experimentalista que parece decaer ya al final de la década con un regreso al argumento y al personaje-héroe.

Históricamente, se viven en los inicios de este período unos momentos de miseria económica y moral. El español lucha por «sobremorir» y así lo reflejará la novela con un número muy importante de títulos y de autores que, sin embargo, no debe engañarnos respecto a la calidad de la narrativa. Tampoco hay que olvidar, no obstante, la acumulación de problemas extraliterarios que examinaremos más adelante.

Pero, junto a numerosos aspectos negativos, es preciso dejar constancia de la importante función que van a desarrollar revistas como *Escorial, Vértice, La Estafeta Literaria, Índice, Ínsula*, etc., y ciertas editoriales como Janés, Afrodisio Aguado, Juventud, Destino, etc., en cuanto a la difusión de autores y de obras. Con el suplemento de «Vértice» y con otras publicaciones reaparecerá también la novela corta, resucitando así la tradición del relato breve, de tanta importancia en el primer tercio del siglo, según vimos (Martínez Cachero, 1980: pp. 46-94).

Antes de comenzar el estudio por décadas, centrándonos en los principales movimientos y autores, nos referiremos a la novelística que tiene como tema la Guerra Civil y que, por su continuidad a lo largo de todos estos años, es preciso distinguir.

3.1. Novelas sobre la Guerra Civil

En los años cuarenta, inicialmente, todos se sienten convulsionados por los hechos bélicos y eso les impele a novelar los acontecimientos vividos de acuerdo con su posición en el conflicto. El tema de la Guerra se tratará sin cesar, pero ahora sólo cabe mencionar como novelas de calidad, aparte de *La fiel Infantería* (1943), de Rafael García Serrano, que tuvo problemas con la censura, las que escriben los autores exiliados, con nuevas obras de Sender como *El rey y la reina* (1947), o de **Arturo Barea** (1897-1957) con *La llama* (3.ª de la trilogía *La forja de un rebelde*), y las seis novelas compuestas por **Max Aub** (1902-1972) desde 1943 hasta 1968, para la serie *El laberinto mágico.*

A partir de 1950 el tema comenzará a tratarse con mayor sosiego y con un espíritu más imparcial, lo que se acentuará progresivamente en los años posteriores. Así, aparecen Rafael García Serrano con *Plaza del Castillo* (1951) y más tarde **José María Gironella**, que alcanzará un enorme éxito con su trilogía formada por *Los cipreses creen en Dios* (1953), *Un millón de muertos* (1961) y *Ha estallado la paz* (1966), las cuales tendrán continuación, de alguna manera, en *Condenados a vivir,* Premio Planeta de 1971, cuando el prestigio del autor como novelista está ya muy disminuido.

En 1954 encontramos *Cuerpo a tierra,* de **Ricardo Fernández de la Reguera** (1916); en 1955, *Duelo en el Paraíso* de Juan Goytisolo (1931). En 1956, *El vengador,* de José Luis Castillo Puche (1919). En 1957 aparecen *El árbol de Guernica,* de **Luis de Castresana** (1925) y *Los que se fueron,* de **Concha Castroviejo** (1912), que repetirá en 1959 con *Vísperas de odio,* año en que aparece también *Los cinco libros de Ariadna,* de Sender.

También en 1959 aparece en México una curiosa obra de corte surrealista, quizá la única de este tipo sobre la guerra, titulada *La novela del Indio Tupinamba,* que no sería publicada en España hasta 1982. En ella, su autor, **Eugenio F. Granell** (1912) presenta la Guerra Civil con un humor absurdo, irónico y esperpéntico, a modo de un «capricho goyesco» (Angel del Río, 1963: pp. 372-3). Germán Gullón la califica como «la mejor novela surrealista española» (1977). Se trata, en definitiva, de una novela fuera de toda lógica, llena de humor negro, en la que todo queda identificado, a pesar de que no se especifican ni lugares ni épocas. Dentro de la novela surrealista española y de la narrativa sobre nuestra Guerra Civil ocupa, sin duda, un lugar destacado.

En 1960 se inicia una década en la que el paso de los años impone una mayor revisión crítica, acompañada de una superior objetividad e imparcialidad. Así, aparece ese mismo año *La mina,* de **Armando López Salinas** (1925), cuyo protagonista es ya un excombatiente del Ejército republicano. También los que fueron derrotados protagonizarán la obra *Los vencidos* (1965), de **Antonio Ferres** (1925); en este año encontramos además *19 de julio,* de Ignacio Agustí.

En 1967 aparecen *Las últimas banderas,* de **Angel María de Lera** (1912) y *Tres días de julio,* de **Luis Romero** (1916), para culminar en 1969 con la publicación de *San Camilo, 1936,* de C. J. Cela.

¿Para qué continuar? Bastaría con recordar en los años setenta las novelas *Si te dicen que caí,* de Juan Marsé (1933) y *Recuento* de Luis Goytisolo (1935). Sin embargo, a partir de 1976 aparecen varias novelas que presentan ahora una visión fantástica del tema, partiendo de la posibilidad de que el vencedor hubiera sido el Ejército republicano. Recuérdense al respecto obras como *En el día de hoy* (Premio Planeta, 1976) de Jesús Torbado (1943) o *El desfile de la Victoria* (1976), de **Fernando Díaz-Plaja** (1918). Ya en los ochenta, encontramos novelas como *Largo noviembre de Madrid,* de **Juan Eduardo Zúñiga** (1919); *La muerte hizo su agosto,* de **Ildefonso Manuel Gil** (1912); *Las cabañuelas de agosto* en 1982, de **Antonio Burgos,** y un interminable etcétera.

3.2. La década de los cuarenta

De las novelas aparecidas, bastante numerosas si se tienen en cuenta las dificultades de edición, tan sólo unas cuantas tienen auténtico valor. Publican ahora su primera novela autores que hoy podemos considerar entre los más importantes del género, con una obra ya extensa y de calidad.

Al reiniciarse la narrativa, en lugar de buscar sus modelos en los novelistas anteriores a la guerra —sólo Baroja sigue siendo para muchos el maestro indiscutible— intentando la continuación de una novela intelectual, experimental o lírica (la línea social no hubiera sido posible), los novelistas del momento se lanzan a la búsqueda de nuevas formas de expresión, más o menos entroncadas en el realismo y en las técnicas tradicionales, aunque derivando hacia la angustia existencial y hacia el lenguaje y la expresión tremendista.

A) *CAMILO JOSÉ CELA*

Nacido en 1916, será desde el primer momento la revelación de una novelística que busca su restauración. Además de *La familia de Pascual Duarte* (1942), publica al año siguiente *Pabellón de Reposo* y, en 1946, presenta a la censura *La Colmena* que, al no ser admitida, no será publicada hasta 1951 en Buenos Aires, desde donde llega clandestinamente a España. Esto quiere decir que en los años cuarenta Cela es un escritor formado, con dos de sus más interesantes novelas ya escritas.

Aparte de la novela, hay que considerar también en Cela otras constantes, como son los libros de viajes y la picaresca con obras como *Nuevas andanzas y desventuras del Lazarillo de Tormes* (1944), o el muy leído *Viaje a la Alcarria* (1948), a los que hay que añadir también sus breves notas y observaciones de tipos, personajes y ambientes que plasmará en sus *Apuntes carpetovetónicos* (1949).

En todas sus obras iniciales el autor va más allá de un realismo tradicional, pues a través de sus novelas sabe darnos una peculiar visión del momento español por la que, si no conduce a una «novela social», tampoco margina los aspectos más negativos y oscuros de la vida española. Esos ambientes crudos, sin adornos, cargados de angustia existencial, son un alegato contra unas formas de vida miserables, impuestas por la situación económica y por una política dictatorial capaz de conducir a los españoles a una existencia casi vegetativa, sin alicientes de ningún tipo, dentro de una «atmósfera de terror, oscurantismo y gazmoñería» (G. de Torre, 1965: p. 304).

Por estas novelas iniciales —para muchos de débil estructura— fue acusado Cela de fijarse sólo en los aspectos más sórdidos de la existencia y de recrearse en la crueldad, la violencia, el sexo y la fatalidad con una sorprendente «impavidez sentimental» (Torre, 1965: p. 302). Sin embargo, ya Predmore, citado por Guillermo de Torre, advirtió que había en Cela una simpatía muy próxima a la ternura hacia sus personajes más miserables y abandonados, con quienes se siente solidario.

Debido a la temática y a los rasgos apuntados, fue tachado de «tremendista», término que haría furor y crearía escuela, a pesar de que Cela se volviera contra él calificándolo de vocablo «entre puritano, insulso y laborista», añadiendo que «el tremendismo sólo existe en función de que la vida es tremenda» y que «resultaría paradójico y traidor el pintar al Dómine Cabra con los colores de Fray Angélico».

Pero Cela evolucionó, tanto en su lenguaje como en el tratamiento técnico de sus novelas. Del lenguaje directo, coloquial, deliberadamente reiterativo y cargado de modismos y de frases hechas, colorista y unificador de la expresión más vulgar y de la más redicha —pudo ser calificado como «un preciosista del lugar común» (*Idem.:* p. 308)—, pasará Cela por nuevas formas de expresión que acabarán llevándole a un lenguaje hermético, cuidado, pretenciosamente poético o pretendidamente frío y exacto, como en las «mónadas» de *Oficio de Tinieblas, 5* (1973), donde el autor deja fluir su conciencia sin ninguna inhibición, al igual que en una novela posterior, de 1977, *Rol de cornudos;* publicando recientemente, *Mazurca para dos muertos* (1983).

También, a la par que el lenguaje, fue cambiando paralela y necesariamente la estructura de sus obras, hasta convertirse en uno de los experimentalistas más audaces, sobre todo a partir de *San Camilo, 1936* (1969), aunque ya en *La Colmena* pueden observarse técnicas innovadoras en la novela española, las cuales tendremos ocasión de estudiar más adelante.

B) *CARMEN LAFORET*

Nacida en 1921, sorprende a la crítica del momento al ganar el Nadal de 1944 con *Nada*. Su lenguaje es sobrio y diáfano, aunque por su naturalidad y por la representación directa de unas formas de vida bastante sórdidas, fue acusada entonces de «tremendista» por la crítica «bien pensante». Todo en la novela adquiere un tono de melancolía y de tristeza, capaz de empujar a la protagonista hacia el abatimiento más total, en un mundo sin posibilidades, que sólo puede provocar frustración y falsas ilusiones. Carmen Laforet, en sus siguientes novelas no llegó a conseguir nuevamente la calidad de *Nada;* aunque *Insolación* (1963) provocaría otra vez opiniones muy favorables.

C) *OTROS AUTORES*

Aparte de los autores que surgen en esta década, es preciso tener en cuenta a aquellos que ya escribían antes de la guerra y que continúan ahora con su creatividad. Por otro lado, tampoco podemos olvidar la labor de los exiliados. Me referiré brevemente a sólo un autor de cada grupo.

Entre los continuadores, es justo destacar a **Juan Antonio Zunzunegui** (1901-1982). Este autor, frecuentemente comparado con Galdós y Baroja, se confirmó siempre como un narrador nato, capaz de crear complejos y compactos mundos novelescos, con enorme poder de observación dentro de unas técnicas realistas, en ocasiones cercanas al naturalismo por la excesiva crudeza de algunos pasajes y por el detallismo con que recrea los distintos ambientes. En 1943 apareció *¡Ay... estos hijos!,* la tercera de sus novelas, publicando posteriormente más de una veintena, en las que progresivamente iba ganando en humanidad y hondura. Junto a Zunzunegui debemos citar también a **Ramón Ledesma Miranda** (1901-1967), **Darío Fernández Flórez** (1909-1978), **Rafael Sánchez Mazas** (1894-1966).

D) *NOVELISTAS DEL EXILIO*

Entre los exiliados, ya estudiado Sender, es necesario dedicar unas breves líneas a **Francisco Ayala** (1906), el cual publica ya sus últimas obras en España tras su regreso. Su primer libro en el exilio no aparece hasta 1949: *Los usurpadores;* pero antes, en 1930, había publicado una obra experimental titulada *Cazador en el alba.* Después seguirá escribiendo con una prosa perfecta obras de tono moralista, con una temática de fondo político-social, denunciando temas como la corrupción del poder y las dictaduras. Es preciso señalar sus novelas *Muertes de perro* (1958), *El fondo del vaso* (1962) y, más recientemente, *El jardín de las delicias* (1971), breves relatos en tonos líricos.

En este grupo de exiliados es preciso recordar a Rosa Chacel, Arturo Barea, **Manuel Andújar** (1913) o Max Aub como autores representativos de la novela española en el exilio.

3.3. La década de los cincuenta

Cuando verdaderamente despega la novela española de postguerra es, precisamente, a partir de los años cincuenta, coincidiendo con la integración de España en los organismos internacionales, con la vuelta de los embajadores en 1951 y con el comienzo de una recuperación económica que se afianzará a finales de la década con el gobierno de los «tecnócratas». En estos años encontramos importantes novelas como *La Colmena,* ya citada; *La noria* (1952) de Luis Romero (1916); *Los bravos* (1954), de Jesús Fernández Santos (1926) y en este año también *Juegos de manos* de Juan Goytisolo (1931). Entre 1954 y 1957 **Ignacio Aldecoa** (1925-1969) publica tres obras de las que es preciso destacar *El fulgor y la sangre.* En 1958, **Carmen Martín Gaite** (1925) recibe el Nadal con *Entre visillos,* y ya en 1959 encontramos a J. García Hortelano (1928) con *Nuevas amistades.*

Destacaremos en esta década la confirmación de un novelista aparecido en la década anterior —Miguel Delibes— y el nacimiento de la novela realista-social.

A) *MIGUEL DELIBES*

Nacido en 1920, vivirá alejado de los ambientes literarios madrileños, trabajando siempre y ganando los más importantes premios. Pertenece a la Real Academia desde 1974.

Quizá, como inventor de mundos novelescos, lo que caracteriza a Delibes sea su tratamiento de los ambientes rurales —tanto en sus novelas como en sus libros de caza o pesca— y de los ambientes provincianos, estos últimos desde la visión de una burguesía necia y sin ideales. Hay en Delibes, como señala Sobejano, una preocupación fundamental por la búsqueda de la autenticidad, lo que empuja a sus héroes hacia un fatalismo que les obliga a seguir «un camino», el cual habrán de cumplir y defender contra quienes quieran apartarles del mismo (R. Buckley, 1973: p. 89).

En sus primeras obras, *La sombra del ciprés es alargada* (1947) y *Aún es de día* (1949), demuestra ya una gran habilidad narrativa; aunque acusa un fuerte retoricismo en el lenguaje, que se irá volviendo más fresco y natural a partir de *El camino* (1950). Pero su caracterizadora simplicidad temática y lingüística no la logrará plenamente hasta su novela *Las ratas,* de 1962, tras haber publicado anteriormente *La hoja roja* (1959) y *Mi idolatrado hijo Sisí* (1953). Consigue en *Las ratas* la cima de la expresividad en esta línea: sobriedad, depuración del lenguaje mediante el empleo de un léxico de rancio sabor, propio del mundo rural, plenamente evocador por la misma precisión de los términos que utiliza. Como dice Francisco López Rodríguez (1982: pp. 57-8) «en el mundo imaginativo del autor todo es determinado y sustantivo». Insistirá en esta forma de expresión lingüística, buscando el contraste con el lenguaje urbano de los jóvenes —insulso, mecánico, vulgar y, en definitiva falso e inauténtico—, en una novela de 1978, *El disputado voto del señor Cayo*. Ese lenguaje rural se mantiene también en *Las guerras de nuestros antepasados* (1974).

Pero hay en Delibes dos obras en las que incorpora técnicas nuevas a su quehacer literario, llegando en la segunda de ellas a un acentuado experimentalismo (Gullón, 1981). Si en la primera, *Cinco horas con Mario* (1966), el autor juega con el tiempo, incorpora el «tú» narrativo en un claro desdoblamiento y utiliza el discurso continuo en forma de monólogo interior con un lenguaje típicamente coloquial, en la segunda de las obras, *Parábola del náufrago* (1969), se entrega a una sistemática destrucción de los elementos formales del relato e, incluso, del propio lenguaje, ya que, según el protagonista, que propone el movimiento «Por la mudez a la paz», «cuantas menos palabras pronunciemos y más breves sean éstas, menos y más breves serán la agresividad y la estupidez flotante del mundo». No es capricho, pues, ni la paulatina transformación en cabra del protagonista ni que la última «palabra» del libro, sea «—¡Beeeeeeeeé!».

Todavía en 1981 aparece una nueva novela de Delibes —*Los Santos Inocentes*— formada por seis relatos, aparentemente unidos entre sí sólo por Azarías y su Milana. Con algunas «innovaciones» en cuanto a los signos de puntuación, con las que Delibes busca un ritmo poético distinto al del relato, es una novela donde el autor, una vez más, nos entrega un conflicto (libertad/sometimiento, dentro de unas relaciones de señor-criado) enmarcado en el mundo rural.

B) *EL REALISMO SOCIAL. RAFAEL SÁNCHEZ FERLOSIO Y JUAN GARCÍA HORTELANO*

Surge, por un lado, como consecuencia de una toma de postura ideológica, de carácter marxista, siguiendo las doctrinas de Sartre *(Situations,* (1947); traducido al castellano como *Qué es la literatura);* y, por otro lado, de una reconsideración estética de la forma narrativa, siguiendo a Brecht, Lukács y luego a Goldman, lo que conduce a unir el «compromiso» político con los procedimientos objetivos en el relato. La preocupación por dejar constancia fiel de los problemas del país, tanto económicos como sociopolíticos, se expresará así en una novelística de denuncia, testimonial y «comprometida», que es la única literatura accesible, una vez aceptadas las premisas expuestas, porque se concibe como arma política capaz de originar una toma colectiva de conciencia que pueda transformar las condiciones del país. Se iniciará ya entonces la polémica entre quienes defienden la libertad de la expresión, a través de una retórica personal y entre quienes propugnan un lenguaje directo, exento de preocupaciones estéticas, que refleje no los problemas particulares de un «héroe» literario, sino la situación real de un colectivo a través de un personaje representativo del mismo, de la forma más objetiva posible, sin que aparezca para nada el autor. La publicación del libro de José María Castellet, *La hora del lector,* en 1957, supondría un fuerte espaldarazo a este movimiento.

Este realismo «objetivo» por la forma, «behaviorista» por la ausencia de psicologismo (todo lo sabremos por las conductas y las conversaciones, de ahí la importancia del diálogo en estas novelas), «crítico» por la realización, «social» por los contenidos, vendrá acompañado de una serie de autores entre los que hay que mencionar a **Ana María Matute** (1926), que anticipó esta tendencia en 1948 con *Los Abel;* a Luis Romero, autor de *La Noria* (1952); a Jesús Fernández Santos con *Los bravos* (1954); a Rafael Sánchez Ferlosio (1927) con *El Jarama,* de 1955; a **Jesús Pacheco** (1930) y su *Central Eléctrica* (1957); a Luis Goytisolo con *Las afueras* en 1958; a Antonio Ferres (1924), que publica *La piqueta* en 1959; y en ese mismo año, a Juan Goytisolo (*La Resaca*) y a Juan García Hortelano, con *Nuevas amistades.* Ya en los años sesenta, aún aparecerán obras muy significativas, como *La mina,* de Armando López Salinas; *Encerrados con un solo juguete* de Juan Marsé; *La zanja*, de **Alfonso Grosso** (1928), en 1961; y en 1962, a José Manuel Caballero Bonald, con *Dos días de septiembre,* y una novela de García Hortelano: *Tormenta de verano.*

De todos estos autores —que con el tiempo acabarían siendo conocidos bajo la despectiva e injusta denominación de «generación de la berza», por la ramplonería del lenguaje y la simpleza de los procedimientos— debemos destacar básicamente a dos de ellos: Rafael Sánchez Ferlosio y Juan García Hortelano.

Rafael Sánchez Ferlosio (Roma, 1927) se alzará muy pronto con el liderato de este «movimiento» recién iniciado, sirviendo de modelo a muchos autores del realismo social. En 1955, cuando recibe el Nadal, no era un autor desconocido, pues ya antes había publicado una obra que llamó la atención por la riqueza del lenguaje, la exquisita retórica utilizada y, en otro sentido, por la sensibilidad y las dotes poéticas del autor. Esta obra esencialmente imaginativa y fantástica, tan distinta a *El Jarama* en forma y contenido, se titulaba *Industrias y andanzas de Alfanhuí* (1951), reeditada en 1961 con dos relatos más. De los procedimiento retóricos y de las calidades de esta obra quedan restos en los períodos no dialogados de *El Jarama,* que contrastan vivamente con las conversaciones mantenidas por los jóvenes excursionistas.

Estos expondrán a lo largo de sus diálogos la falta de ilusiones, la inconsciente alienación en la que todos han caído, que les lleva hacia un tedio existencial, expresado tanto en sus actitudes —parecen moverse a cámara lenta— como en la desidia mental e intelectual que se manifiesta a través de unos diálogos expresados en un lenguaje coloquial, lleno de expresiones comunes, a través de las cuales se opina sobre asuntos también vulgares e intrascendentes. Pero así era la España de 1955: un país sin alicientes, en el que un observador exterior de las conversaciones habituales entre la gente, sólo podía obtener eso: tedio, vulgaridad, incultura y modorra intelectual.

Dejando a un lado las líricas y detalladas descripciones topográficas que abundan en el libro, la obra es una perfecta manifestación de este modo de novelar: bajo una objetividad absoluta por parte del autor, que deja a sus personajes —protagonismo múltiple o colectivo— moverse y hablar a su aire sin tomar nunca partido, muestra una desnuda e hiriente realidad en la que todo parece natural, todo se expresa en un lenguaje de la calle —como tomado en una grabación magnetofónica, se ha dicho muchas veces— que, sin embargo, alcanza en ocasiones dimensiones poéticas; y todo, desde el mismo motivo que pone en marcha la novela —una excursión al Jarama— resulta tedioso e intrascendente. Quizá por esta razón muchos críticos cuestionaron la muerte de Lucita, por resultar este un episodio anómalo en su relevancia y un tanto «folletinesco» respecto al resto de la novela; pero, sin embargo, para M. García Viñó, es precisamente este episodio lo que valora el conjunto de la obra, pues dota de dramatismo a toda esta vida de extrema vulgaridad e insignificancia, mostrando así que cualquier vida humana resulta importante e insustituible (M. García Viñó, 1967: p. 107). Esta tesis la contestará Santos Sanz Villanueva, una vez más (1972: pp. 77-8 y 80).

Después de esta obra, aunque ha publicado algunos ensayos con el título *Las semanas del jardín* (1974, 2 volúmenes) escrito con una prosa extraordinaria, Rafael Sánchez Ferlosio no ha publicado ninguna otra novela.

Juan García Hortelano (1928) es, desde los primeros momentos, un ferviente seguidor de esta tendencia, hasta el punto de ser considerado por Martínez Pacheco (1980: p. 181) como el «quizá máximo objetivista español». García Hortelano entiende que la función de la narrativa debe soslayar los virtuosismos técnicos y lingüísticos, conducentes a una estéril literatura artística, y debe exponer las condiciones reales y objetivas en las que viven los españoles, dentro de un contexto bien determinado, lo cual, por otra parte, es común a todos los autores citados.

Y, sin embargo, su obra no va a representar los ambientes obreros, sino que va a atacar más bien a una burguesía acomodada, despreocupada y entregada a toda suerte de vicios, en un ambiente tedioso, trivial y sofocante (Corrales Egea, 1971: p. 91).

Son *Nuevas amistades* (1959) y *Tormenta de verano* (1961) dos novelas bastante similares en planteamiento, construcción y expresión, pero la segunda resulta más perfecta en cuanto al uso de una técnica behaviorista; si bien, para Sanz Villanueva, «las exigencias del "punto de vista" han desbordado a García Hortelano en esta novela y el narrador (Javier) nos dice cosas que serían más bien propias de un narrador omnisciente» (1972: p. 85).

Tras un largo silencio, publicaría con gran éxito y aceptación crítica una extensa novela: *El gran momento de Mary Tribune,* en 1972. En esta obra se pueden encontrar numerosos aspectos que existían en las anteriores; sin embargo, el lenguaje se hace más recargado y las «habilidades» técnicas más palpables, quizá demasiado. Después de algunos relatos breves y de una nueva novela, *Los vaqueros en el pozo* (1979), observaremos algo muy similar en una novela de 1982, *Gramática Parda,* en la que el «objetivismo» parece plenamente olvidado, para ofrecernos ahora una crítica —otra vez esa crítica a la burguesía— más variada en los puntos de vista, más escéptica y burlona, con unos rasgos humorísticos que rozan en ocasiones el ab-

surdo, dentro de un clima en ocasiones sofocante. En esta novela continúan, no obstante, los tópicos del escritor: cierto aire de novela policíaca
como excusa, referencias culturales, presencia de una burguesía estúpida,
etcétera.

En esta etapa final, podría decirse que García Hortelano ha olvidado
aquellos rigurosos planteamientos iniciales, para entregarse ahora a un lenguaje enormemente retórico, barroco en ocasiones y cargado de alusiones
de todo tipo.

3.4. La década de los sesenta: *Tiempo de Silencio* **y Juan Goytisolo**

A fines de la década anterior, entre 1958 y 1960 (Corrales Egea, 1971:
p. 97) ya algunos autores, como hemos señalado, iniciaron cambios de orientación y de forma en el «realismo social», pero la verdadera renovación
no llegará hasta 1962, cuando aparece *Tiempo de Silencio*, de **Luis Martín
Santos** (1924-1964). Esta obra, que, según Gil Casado (1973: pp. 127-8)
aparece en el momento adecuado, por el comienzo en España de una sociedad en «semidesarrollo», responde a la necesidad de un análisis más profundo de las nuevas coordenadas socio-políticas. No basta ya con describir
y reproducir la realidad; ahora es necesario llegar a una interpretación crítica de la misma.

Paralelamente, muy pronto se pondrá en tela de juicio la viabilidad como arma política e, incluso, como fórmula estética del «realismo-social-
objetivo». A mediados de los años sesenta, el editor Barral y el crítico Castellet «antaño fervorosos estimuladores, resultan ahora los abandonistas más
notorios» (Martínez Cachero, 1980: p. 237). Todavía en 1963, en una reunión sobre el realismo, Castellet defendía en Madrid ante españoles y extranjeros el realismo social y comprometido. Fue, ya entonces, el único
de los cinco ponentes.

Ciertamente —y no contemos ya los epígonos— fue una novelística que
cayó en lo repetitivo y en lo mimético, con una excesiva politización que
llevó a una reproducción insatisfactoria, por superficial, de la realidad, usando además un lenguaje ramplón, con una ausencia total de preocupaciones estéticas. Sin embargo, no parece justo denominar a estos autores como «generación de la berza» —«título» acuñado por Santos Fontela en 1969
en la revista *Triunfo*—, pues, no pudiéndose entonces hacer crítica, resul-
.taba adecuado el procedimiento seguido: presentar la sociedad «objetiva-
mente», con todos sus condicionamientos degradantes, con el fin de inci-
tar a todos a transformarla. Quizá lleve razón Salvador Clotas (1969: p.

14) al señalar que lo único de que se puede acusar a *El Jarama* (1955) es el haber creado escuela.

En esta situación, *Tiempo de Silencio* resulta una novela renovadora tanto en concepción ideológica como en tratamiento formal. Así, sin abandonar el compromiso, se profundiza en el análisis sociopolítico, lo que requiere del autor que abandone la objetividad e introduzca nuevamente su propio punto de vista, aunque sea a través de los personajes. Esto, a su vez, a fin de no volver al realismo decimonónico, conlleva una serie de procedimientos y de técnicas como el monólogo interior con su reflejo de estados anímicos, ideología, obsesiones, visión del mundo, etc.: frías descripciones al modo del «nouveau roman», multiplicidad de planos en conflicto, incorporación de sueños, digresiones, elementos simbólicos, uso de «claves» bajo las que se oculta la identidad de algún personaje, etc.

En su afán de seguir un «realismo dialéctico», según lo denominaba Luis Martín Santos, todo queda permitido, ya que en definitiva se trata de que el lector, ante tantos y tan complejos elementos contradictorios, se vea obligado a elaborar una síntesis interpretativa y crítica de un mundo que le resulta también «contradictorio, complejo, multiforme, fluctuante» (Corrales Egea, 1971: p. 144).

Lógicamente, el lenguaje usado puede recibir los mismos adjetivos. R. Buckley (1973: pp. 195-209) hace un interesante estudio de la expresión lingüística y dice poder llegar a la conclusión de que «la novela, de principio a fin, es un continuo 'neologismo'» (p. 197). Ese lenguaje complejo y multiforme da entrada a todo tipo de registros idiomáticos con, tal vez, un excesivo número de términos científicos, referidos a la jerga médica.

Con todos estos elementos, *Tiempo de Silencio* se libra del folletín que supone su argumento e inicia una nueva senda narrativa —en 1962 la acompañó en el punto de salida *Dos días de septiembre* de J.M. Caballero Bonald—, que muy pronto daría sus frutos en obras como *Últimas tardes con Teresa*, de Juan Marsé, en 1965.

Luis Martín Santos al morir dejó un original incompleto, que se encargó de organizar J. C. Mainer y que fue editado en 1975 con el título de *Tiempo de destrucción*.

Ahora bien, paralelamente a este «realismo dialéctico», otros autores, ya hace tiempo confirmados, y otras tendencias van a estar vigentes en esta década.

Encontramos, pues, autores «independientes» como Ignacio Aldecoa, con *Parte de una historia* de 1967; **Ignacio Agustí** (1913-1974), que tuvo su mayor éxito en 1944 con *Mariona Rebull,* continúa su saga en esta década con *19 de julio* (1965) —posterior a *Desiderio,* (1957)— y la culminará en 1972, con *Guerra Civil.* También siguen publicando Gonzalo Torrente Ballester, (1910), **Francisco García Pavón** (1919), con «Plinio» como personaje, Ana María Matute, Carmen Martín Gaite... Pero debemos destacar ahora a **Daniel Sueiro** (1931) que en esta década, después de *La Criba* de 1961, abandona el «realismo social» y publica *Estos son tus hermanos* (1965) y *Corte de corteza* (1968), de carácter experimental.

Al mismo tiempo, y como contraste con los escritores adscritos al «realismo social», se va configurando un conjunto de autores que se conocerá como el «grupo metafísico». Entre ellos hay que situar en primer lugar al que, además de escritor, es el ideólogo y el crítico del grupo: **Manuel García Viñó** (1930). Él, junto con **Carlos Rojas** (1928), **Andrés Bosch** (1926), **Antonio Prieto** (1930) y **José Luis Castillo Puche** (1919), forman el citado grupo. García Viñó (1967: p. 221) resume el ideario en dos características: «Concepción de la novela como forma del conocimiento del hombre antes que de la historia» [...] y «Segundo: preocupación estética, culta, universitaria, por el género, que se toma como medio de expresión intelectual, como un arte, independiente, por tanto, de todo tipo de servidumbre política». Muchas burlas y desprecios debieron escuchar, pero el tiempo —no tuvieron que esperar mucho— les dio la razón, al margen de su calidad estética, que, sin duda, era —es— apreciable.

También en esta década destaca un autor que gracias a las publicaciones de estos años se convertirá muy pronto en uno de nuestros mayores novelistas. **Juan Goytisolo** (1931), de ascendencia vasca y catalana, comienza a mediados de la década una nueva forma de novelar que, va a darle una especial relevancia dentro de la novelística del momento hasta ser en nuestros días el autor a quien más trabajos monográficos se dedican cada año. No obstante, antes de 1966, fecha en que se publica *Señas de identidad,* tenía ya en su haber un importante conjunto de novelas que se suelen dividir en tres etapas: una subjetivista que comprende *Juegos de manos* (1954) y *Duelo en el paraíso* (1955), novela que trata la Guerra Civil desde una trágica perspectiva infantil. Otra de carácter marcadamente político —se había exiliado voluntariamente a Francia en 1956—, con novelas como *Fiestas* (1958), *El circo* (1957) y *La resaca* (1958) donde, al igual que en las anteriores, da prevalencia al narrador omnisciente dentro de una forma más bien «tradicional» y «realista» de la novela, aunque parecen augurarse ya algunos rasgos propios del realismo social, tendencia expuesta en la tercera etapa de su producción, en la que publicará *La isla* (1961), y *Fin de fiesta* (1962). No todos los críticos están conformes con esta división en tres etapas (G. Sobejano, 1975), pero sí coinciden en señalar el profundo cambio que se produce a partir de 1966, tras la publicación de *Señas de Iden-*

tidad, por la gran cantidad de innovaciones técnicas y lingüísticas que supone: uso de las tres personas narrativas, juegos con el tiempo, cambios de punto de vista y uso de todo tipo de lenguaje, desde el informe policial frío y escueto, hasta el monólogo interior y el «poema narrativo», pasando por textos periodísticos, literarios, folletos de turismo, etc., y todo ello ayudándose también de numerosos recursos tipográficos.

Expresa con esta novela el progresivo desarraigo y abatimiento del protagonista que va analizando —sufriendo— una realidad hostil, dominada por un clima tenso, en el que el pueblo vive atemorizado y reprimido de múltiples formas, a veces sin ser consciente de ello.

Seguirá por esta misma línea ideológica y de innovaciones formales en sus siguientes novelas, *Reivindicación del Conde don Julián* (1970) y *Juan sin tierra* (1975), acentuando en ambos casos, no tanto ya la innovación o el experimentalismo —en este orden lo más significativo será el uso de los «dos puntos» y la introducción de numerosas palabras, frases y hasta párrafos completos en otros idiomas— cuanto la insistencia en una destrucción de todos los «valores» que admira la España conservadora y tradicional, «la España sagrada», según su denominación. En este sentido no resulta gratuita la destrucción lingüística y el uso de otros idiomas: es preciso renunciar al castellano por ser ésta también una lengua «sagrada». Nos da, pues, en sus novelas una visión pesimista, paródica y burlesca, amargada, cruel, absolutamente negativa y destructora que a muchos llega a resultar irritante.

Se le ha criticado a menudo su falta de propiedad lingüística y su ausencia de un lenguaje que cediera a la estilística su lugar necesario en la expresión. Esto último parece haberlo superado en su siguiente obra *Makbara* (1980) en la cual, aún sin guardar convencionalismos expresivos, alcanza un lenguaje poético y «puede decirse al fin con justeza que es un estilista» (D. Villanueva, 1981: p. 29). En *Makbara* —una vez producido el total alejamiento del «mito» España— culmina la intencionalidad expuesta anteriormente: sobre la sociedad occidental y sobre los valores culturales e institucionales que ésta defiende deben triunfar la naturaleza libre, las conductas aún no sometidas a normas ni a convencionalismos y la sociedad primitivista, sin otros problemas ni mayores angustias que las que impone la simple existencia.

En los últimos años de la década, con grandes influencias de un «nouveau roman» que ya se había anunciado en Francia en 1955 y con el impulso recibido por el más reciente «boom» de la novela hispanoamericana, asistimos a los experimentalismos de autores consagrados como Cela o Delibes y a la revelación de dos nombres: **José María Guelbenzu** (1944), con su novela *El Mercurio,* de 1968, y sobre todo, Juan Benet que publica en ese mismo año *Volverás a Región.* Ambos repetirían en 1970; Juan Benet con *Una Meditación* y Guelbenzu con *Antifaz.* Se inicia con ellos un momento experimentalista en la novela, que ocupará prácticamente toda la década posterior.

3.5. La década de los setenta y los últimos años

Los años 1970 y 1971 pasan entre los peores dentro de la narrativa española. Nos encontramos en las postrimerías del franquismo. España disfruta económicamente de un momento óptimo, lo que no ocurre ni en lo político ni en lo social; pero la economía comenzará a flaquear a partir de la crisis mundial, producida en 1973 por la subida de los precios petrolíferos. El 20 de noviembre de 1975 muere Franco y se inicia entonces un proceso de transformación política, cuando ya la economía daba claros signos de resquebrajamiento. El 6 de diciembre de 1978 es aprobada por referéndum la Constitución española.

Todos estos importantes sucesos de la época son recogidos de muy diferente forma por los novelistas. Unos, que se centran en la novela experimental, en parte por cansancio del realismo social, en parte por desencanto y desilusión, en parte por cierto «pasotismo», o acaso por no tener ya necesidad de manifestar claramente su protesta ante la Dictadura, los ignoran. Otros, con instinto oportunista, se aprovechan y desde diversas ópticas tratan temas como la transición, el terrorismo, el sexo o hacen historia-ficción sobre lo que habría podido ocurrir si la historia hubiera transcurrido de otro modo. Otros, finalmente, reflejan la situación con mejor o peor humor llegando a una especie de crónica negra como vemos en Manuel Vázquez Montalbán, por ejemplo.

A) *EL EXPERIMENTALISMO: JUAN BENET Y GONZALO TORRENTE BALLESTER. OTROS NOVELISTAS*

A finales de 1972, las editoriales Seix-Barral y Planeta deciden lanzar una serie de autores «nuevos», que produzcan un cambio en la narrativa española. Nos encontramos así con una importante cantidad de novelas en las que cabe destacar, más que los valores intrínsecos de cada una de ellas —con frecuencia bastante mediocres—, unas directrices de carácter experimentalista que habrían de marcar la narrativa de esta década.

Entre los autores lanzados —algunos ya muy conocidos— figuran nombres que con mejor o peor fortuna continuarán publicando durante los años setenta. Lo cierto es, sin embargo, que son muy diversas las técnicas utilizadas, así como los temas y los enfoques, de manera que resulta imposible, por muchas razones (edad, procedencia, formación, técnicas empleadas, etc.) hablar de «una nueva generación» de narradores «novísimos», según pretendían los editores Barral y Lara.

Entre estos «nuevos narradores» se encuentran algunos nacidos en 1912, como **Ramón Carnicer** —novelista fiel a una concepción tradicionalista del relato—; otros nacidos a finales de la década de los veinte, como Juan García Hortelano —muy conocido ya entonces, y todavía con reminiscencias propias de su adhesión al grupo del realismo crítico—; hay también narradores nacidos durante la guerra civil, como **José María Vaz de Soto** (1938), o Manuel Vázquez Montalbán; y, finalmente, otros autores nacidos en la década de los años cuarenta, como Germán Sánchez Espeso (1940) o **Carlos Trías** (1942).

Otros novelistas que se iniciaron —o acaso presentan su segunda novela— con esta «nueva generación» fueron **Javier del Amo** (1944), Félix de Azúa, **Ramón Hernández** (1935) y **Ana María Moix** (1947).

Se suman a este grupo, aparte de novelistas bien conocidos y ya mencionados, otros narradores que venían publicando desde muchos años atrás, como Antonio Ferres o **Concha Alós** (1927).

Tal diversidad de nombres, que comporta a la vez una gran diferenciación de procedimientos narrativos, obligaría a los críticos a sospechar de las intenciones de Barral y Planeta, y a cuestionar de inmediato su clasificación como «novísimos» (Martínez Cachero, 1980: pp. 275-89). Y, a decir verdad, entre estos «novísimos» —algunos habían ya publicado libros de versos— no surge ninguna obra que pudiéramos calificar de «maestra», pudiéndose encontrar defectos en todas ellas, nacidos de una excesiva intención experimentalista, tanto en las técnicas como en el lenguaje. Además, se lanzan estos autores, desde el interior de la novela misma, a una indagación reflexiva sobre los problemas que presenta la confección del relato, llegando a marginar y casi a ocultar el argumento en cuanto tal. Si añadimos la compleja estructura sobre la que estas obras se construyen, sería fácil comprender el tedio que frecuentemente provocan en el lector, nada acostumbrado, por otra parte, a estas difíciles y novedosas formas del relato. Como otras veces ha ocurrido, se ha pasado de la ramplonería expresiva a la más compleja elaboración técnica, estructural y lingüística, escribiéndose obras en las que los autores se proponen la destrucción de los rasgos formales que han caracterizado el género novelesco, como ocurre, por ejemplo, con las novelas de **José Leyva** (1938), cuyas obras son mera experimentación formal y lingüística, quedando casi sin significar, al anular los elementos referenciales conocidos al lector. Así, obras como *Leit motiv* (1971) o *Heautontimoroumenos* (1973), sólo pueden interpretarse como simbólicas alegorías sobre la vida y la existencia del hombre.

En el experimentalismo tres procedimientos van a ser usados por muchos novelistas. Uno de ellos incide básicamente sobre la estructura (la «mise en abyme», como decía Gide, o la novela especular); otro atañe al lenguaje narrativo en sí mismo, a los modos del relato y a las personas gramaticales, combinadas con intención estilística; por último, el tercero afecta a los procedimientos técnicos y formales, donde caben toda suerte de experimentalismos. Como estas cuestiones las trataremos con mayor extensión y detalle en la segunda sección del volumen, haremos ahora una necesariamente breve historia de la novela experimental, con el obligado silencio de autores que, al igual que en las décadas ya estudiadas, merecerían una cierta extensión o, cuando menos, una referencia a su obra publicada.

a) Estructura especular.

Entre los novelistas que han usado la estructura especular, es decir, que han escrito una novela cuyo tema es la creación y elaboración misma de la obra, de forma que revierte continuamente sobre sí misma en una profundidad de planos tal que si se reflejaran en espejos múltiples, encontramos ya en 1973 a **Luis Goytisolo** (1935) con su novela *Recuento,* el cual repite el procedimiento en *Los verdes de Mayo hasta el mar,* de 1977. Son estas unas novelas en las que, a través de una compleja estructura narrativa, examina las relaciones entre el autor y su obra. Más adelante, insiste sobre el asunto examinando las relaciones entre el mundo real y el mundo creado por la novela, en *La cólera de Aquiles,* de 1979, en la que hay también numerosas referencias al lector, como copartícipe necesario en la creación literaria. La última novela de esta tetralogía denominada *Antagonía,* se publica en 1983 con el título de *Teoría del conocimiento.*

Usando esta misma estructura obtiene **Germán Sánchez Espeso** (1940) el Nadal de 1978 con *Narciso,* novela en la que el narrador va explicando la densa complejidad del relato, que une a su carácter especular una falta de elementos referenciales identificables como propios de nuestra realidad circundante, añadiendo al texto, en cambio, una extensa serie de elementos culturales y míticos, observándose también una clara preocupación por lo que supone el lenguaje en general y el lenguaje narrativo en particular. Germán Sánchez Espeso se había dado ya a conocer en 1967 con *Experi-*

mento en Génesis, publicando después una serie de novelas con referencias bíblicas, de marcado acento existencial y simbólico, todas ellas de carácter experimental: *Síntomas de Éxodo* (1969), *Laberinto Levítico* (1972), *De entre los Números* (1978)...

Otros novelistas que también han utilizado dicha estructura serían José María Guelbenzu en *El Mercurio,* de 1968; Alfonso Grosso en *La buena muerte* de 1977; en este mismo año aparecen *La novia judía,* de **Leopoldo Azancot** (1935); y *Fabián,* de José María Vaz de Soto. En 1978, aparecen también con similar estructura *El cuarto de atrás,* de Carmen Martín Gaite y *Estado de novela,* de **José Luis Alegre Cudós** (1951). *Fabián* es una novela que está en íntima relación con otra anterior del autor titulada *Diálogos del anochecer,* de 1972, hasta el punto de que esta última se explica y se enriquece, adquiriendo más plenas significaciones, tras la lectura de *Fabián.* También Gonzalo Torrente Ballester, de quien nos ocuparemos más adelante ha abordado este tipo de estructura en *Fragmentos de Apocalipsis,* de 1977, novela en la que el personaje se convierte también en narrador, modificando las intenciones del autor al robarle los manuscritos.

b) Experimentación sobre el lenguaje.

Respecto a autores cuya experimentación ha incidido básicamente sobre el lenguaje mismo, los modos del relato y la combinación estilística de las personas gramaticales, debemos hacer referencia a obras como *Cinco horas con Mario* (1966) y *Parábola del náufrago* (1969), de Miguel Delibes, ya comentadas en 3.3.B.

Por el camino experimental concerniente al uso de las personas gramaticales, sigue también Camilo José Cela, en *San Camilo, 1936* (1969), obra que deforma y embrutece a los personajes, cuya única preocupación en vísperas de la guerra, parece ser el sexo. En obras posteriores, que difícilmente podrían clasificarse dentro del género novelístico, Cela insiste en la experimentación lingüística; así ocurre en *Oficio de Tinieblas 5* —cuyo guarismo alude a que es la quinta obra publicada con este título— y en *Rol de cornudos* (1977).

Igual línea puede observarse en *Fragmentos de interior* (1976), de Carmen Martín Gaite, la cual incluye en su obra un personaje, Diego Alvar, que especula sobre el lenguaje narrativo, en tanto que narrador él mismo de una novela propia. Asimismo, es significativo en cuanto al uso de las personas gramaticales el premio Planeta de 1977, concedido a *Autobiografía de Federico Sánchez,* de **Jorge Semprún** (1923), en donde hace un uso estilístico altamente significativo del «yo» y del «tú», mediante un juego de identificaciones (yo) y de descargos (tú), que atañen al propio autor. Dicha novela, además, emplea una extensa serie de procedimientos de carácter experimental, sobre todo en torno al «tiempo» como factor estructural del relato.

Una insistencia sobre el lenguaje mismo, se observa también en **Félix de Azúa** (1944), con su novela *Las lecciones de Jena,* de 1972; o en **Vicente Molina Foix** (1946), en su obra *La comunión de los atletas,* de 1979.

Una especial incidencia en el lenguaje poético-lírico —que conduce casi siempre a una introspección del pasado personal proyectado hacia la historia común de todos nosotros, ya sea desde el recuerdo de épocas pasadas, ya sea desde la creación de mundos míticos— podemos observar en escritores como Francisco Ayala, que reaparece en 1971 con unos relatos cortos agrupados bajo el título *El jardín de las delicias;* o como **Francisco Umbral** (1934), autor de numerosos libros desde la publicación de su primera novela en 1966, *Travesía de Madrid;* o también en José Manuel Caballero Bonald, con su obra *Ágata, ojo de gato* publicada en 1974. En esta línea encontramos a **Lourdes Ortiz,** con una obra como *Luz de la memoria,* de 1976, en la que hace un uso perfecto de las tres personas narrativas. Igualmente, con un lenguaje retórico, denso, de sintaxis compleja y sinuosa, encontramos a **Esther Tusquets** (1936) autora de las novelas *El mismo mar de todos los veranos* (1979) y de otras dos de la trilogía, *El amor es un juego solitario* (1979) y *Varada tras el último naufragio* (1980), cuyas protagonistas, sin ser la misma «persona», comparten el mismo nombre: Elia.

El autor en el que se juntan ambos caminos —la experimentación lingüística en busca de una expresión lírica, de sintaxis extensa, envolvente y cargada de incisos, junto a la destrucción del género y la creación de mundos míticos personales— es **Juan Benet** (1927).

Benet se confirma durante esta década del setenta, como maestro indiscutible para muchos novelistas. Su primer libro de relatos *Nunca llegarás a nada* apareció en 1961, pero será en 1967 cuando va a sorprender a la crítica con *Volverás a Región,* novela experimental, llena de elementos dispares que se suceden sin ningún orden, de manera que la anécdota argumental, los personajes, los espacios y la cronología van hilvanándose sin aparente relación.

Sus siguientes novelas ahondan en el lenguaje, en la carga cultural y en los modos del relato (escasez de diálogos, presencia cada vez mayor del monólogo, uso de valores líricos) e insisten en todos los elementos indicados, llegando a crear una narrativa personalísima, enmarcada en una «Región» que alcanza carácteres simbólicos y míticos. Especialmente debe considerarse *Una meditación,* de 1969; pero también su narrativa posterior acentúa en cada nueva aparición los procedimientos citados, como vemos en *Una tumba* (1971), *Un viaje de invierno* (1972), *La otra casa de Mazón* (1973), y más recientemente *En el Estado* (1977), obra en la que parece iniciar, una nueva trayectoria, orientada hacia un intelectualismo de tonos escépticos.

Su novela *Saúl ante Samuel,* de 1980, nos devuelve a «Región» y a su peculiar estilo. Después de *Aire de un crimen* publica una nueva obra: *En la penumbra* (1982), y todavía en 1983, nos ofrecerá *Herrumbrosas lanzas.*

c) Experimentalismo en los procedimientos técnicos formales.

En la tercera línea que señalábamos, innovación en los procedimientos, podríamos nombrar un sinfín de narradores entre los que se encontrarían casi todos los mencionados hasta ahora, pues los más de ellos juegan con el tiempo, utilizan el monólogo interior, descoyuntan el argumento, introducen numerosas digresiones, desrealizan a los personajes unas veces, dándoles otras la «autoría» del relato, etc.; pero, por lo que supone de afán experimentalista en un autor que hasta entonces —aun habiendo estado siempre al día en cuanto a técnicas narrativas— no había sido tenido en cuenta por la crítica, se debe hacer una especial mención en este apartado a **Gonzalo Torrente Ballester** (1910).

Es en 1972 cuando se va a dar el espaldarazo a este autor injustamente marginado. Publicó su primera novela en 1943 y apenas estuvo quince días en la calle cuando fue retirada bajo acusación de pornografía, inmoralidad, etc. Entre 1957 y 1962 publica la trilogía *Los gozos y las sombras* formada por las novelas *El señor llega, Donde da la vuelta el aire* y *La Pascua triste.* Son novelas de corte realista, de atractivo argumento —Torrente siempre defendió el factor «relato»—, en las que está ya la semilla de su obra posterior. En 1963 publica *Don Juan,* bellísimo libro donde se mezclan la ironía, la crítica, el humor y la fantasía con una recreación intelectual o lírica de temas ya literarios como Don Juan, la Celestina o el Diablo, o con mitos antiguos y sugerentes como la inocencia edénica y la caída.

En 1969 se publica *Off-Side,* extensa novela montada a base de breves secuencias en las que se usa el contrapunto, dando una alternancia de acciones casi simultáneas, con predominio del verbo en presente y todo ello para mostrar un mundo en el que chulos, barriobajeros y prostitutas se mezclan con hábiles falsificadores de cuadros, con altos financieros, escritores acabados, etc., mostrando una variadísima colección de tipos, ambientes y personajes.

Por fin, *La Saga-fuga de J.B.* aparece en 1972 y pronto, en 1975, le llevará a la Real Academia. Es una obra experimentalista, de construcción deliberadamente desorganizada, de lenguaje múltiple, con personajes equívocos, cronológicamente rota, cargada de digresiones y reflexiones, y plena de elementos fantásticos e imaginarios mezclados con hechos históricos; mezcla que confiere a todo el relato un carácter mágico, extraño y sobrenatural. En esta obra culminan y acaban de desarrollarse toda una serie de elementos, de modos narrativos y de motivos novelescos que ya se encontraban en germen en libros anteriores. Así, el mundo referencial no es otro, en realidad, que el de *Los gozos y las sombras:* Galicia, la ciudad, el mar, la lucha entre contrarios (hombres, ideas, anhelos, realizaciones), etc. También están presentes, como en *Don Juan,* la historia y el mito y la «sobrecreación» —cabría decir— de nuevos mitos sobre los propios del mungo gallego-céltico y otros mediterráneos o nórdicos, eslavos, etc., menos conocidos.

En 1977 publicó *Fragmentos de Apocalipsis,* libro en el que la novela se convierte en asunto de sí misma, a través de un personaje que le «roba» y le modifica los textos, insistiendo en las técnicas experimentales. En 1980 aparece una nueva obra, *La isla de los jacintos cortados* en la que repite procedimientos y temas ya tópicos en sus novelística.

Más tarde, tras un libro de relatos *Las sombras recobradas,* publica en 1982 *Cuadernos de un vate vago,* transcripción de sus «apuntes» magnetofónicos, donde plasma reflexiones de todo tipo a través de las cuales podemos comprender ciertos problemas y obsesiones del escritor y algunos de sus hábitos de trabajo: redactar una obra mediante la transcripción de cintas previamente grabadas en una continua discusión consigo mismo. Finalmente, en 1983, publica *La Princesa durmiente va a la escuela,* obra escrita en 1950-51, que desarrolla uno de los temas preferidos de Torrente, «el poder». Si en aquellos años hubiera resultado novedosa e incluso crítica, hoy adolece de esa antigüedad de más de treinta años, hasta el punto de que algunos conceptos resultan ya manidos.

B) *LA NOVELA «REFERENCIAL»: MANUEL VÁZQUEZ MONTALBÁN, EDUARDO MENDOZA Y JUAN MARSÉ*

Paralelamente a esta narrativa experimental, se siguen publicando novelas que, sin despreciar en absoluto las nuevas técnicas narrativas —de hecho las utilizan plenamente—, dan absoluta prevalencia a la «historia», a los acontecimientos y a los personajes, buscando la verosimilitud. Los autores que siguen esta línea durante los mismos setenta no son experimentalistas puros y, quizá por eso mismo, son en general bastante más leídos. Hay que añadir que, sobre todo a partir de 1977 y aún más si nos adentramos en los años ochenta, vemos cómo bastantes narradores de los nombrados anteriormente van volviendo a una novela más «tradicional», con unos experimentalismos más moderados, que demuestran una absoluta asimilación de las nuevas técnicas, sabiendo dar a la vez mayor interés al relato y, consecuentemente, exigiendo menos al lector.

De los muchos nombres que siguen esta línea novelesca, ya sea desde siempre, ya sea por haber abandonado el experimentalismo, ya por haber atemperado este último, cabría destacar a los siguientes novelistas: **Jesús Torbado** (1943); **Ramón Ayerra** (1937), con su desenvuelto y castizo lenguaje; Juan García Hortelano, Carlos Rojas (1928), **Mercedes Salisachs** (1916), **Jesús Fernández Santos** (1926) con numerosas novelas de lenguaje exquisito y de una retórica que desemboca en el lirismo; **Elena Quiroga** (1919). Destacaremos, aunque sea con brevedad a tres autores: Juan Marsé, Manuel Vázquez Montalbán y Eduardo Mendoza.

Si algo une a estos tres novelistas es lo siguiente: no renuncian al experimentalismo ni, mucho menos, a las técnicas innovadoras; apoyándose en historias de intriga policíaca o próxima al género, pondrán en tela de juicio la sociedad y sus hábitos; los tres han creado unos personajes que reaparecen en sus novelas, como ocurre con varias obras de Juan Marsé, con el detective Pepe Carvalho, de Vázquez Montalbán; o con el «chorizo» esquizofrénico y sin nombre, aficionado a la Pepsi-Cola, creado por Eduardo Mendoza. Anecdóticamente, podemos señalar que los tres han sido llevados al cine. Otros rasgos comunes serían la visión escéptica y desencantada del mundo y de antiguos ideales, el anticulturalismo, la insistencia en los bajos fondos y en la crítica social con un tono cercano a la crónica negra, común por otra parte a otros autores, como es el caso, por ejemplo, de **Jorge Martínez Reverte** (1948) con su periodista «Gálvez», llevado a Euskadi en 1983.

Manuel Vázquez Montalbán (1939) es un novelista en alza, que se va afirmando en cada novela, habiendo sabido crear un personaje peculiar, el mencionado detective Pepe Carvalho, en sus novelas *Yo maté a Kennedy* (1972), *Tatuaje* (1975), *La soledad del mánager* (1978), *Los mares del Sur,* Premio Planeta de 1979, *Asesinato en el comité central,* de 1981, y *Los pájaros de Bangkok,* en 1983.

Eduardo Mendoza (1943), por el contrario, va decayendo desde su primera obra, *La verdad sobre el caso Savolta* (1975) magnífica novela de corte completamente experimental, que recibió el Premio de la Crítica. Si *El* *misterio de la cripta embrujada,* su segunda novela, de 1977, supone un cambio en su quehacer literario y tiene numerosos aciertos expresivos y un notorio humor, logrado a través de la acción, de su conseguido personaje y de una variadísima muestra de registros lingüísticos, su última novela *El laberinto de las aceitunas* (1982) deviene extrafalaria y cae en la repetición inútil, por la insistencia en unos recursos y en un lenguaje que parecen no dar más de sí.

Juan Marsé (1933), es el valor más firme y consagrado, sin duda, de los tres. Se dio a conocer en 1960 con una novela enmarcada en el «realismo social», *Encerrados con un solo juguete.* Del mismo tono es *La otra cara de la luna* (1962); pero ya en *Últimas tardes con Teresa* (1965) se advierte una nueva forma narrativa, mucho más rica en lenguaje y en técnicas, que inicia el desencanto típico de Marsé, provocado por la conciencia de la inutilidad de la acción.

El sarcasmo, la ironía y la parodia son otras constantes de su obra y se repetirán en *La oscura historia de la prima Montse* (1970), donde hallamos abundante monólogo interior e intervención del autor «omnisciente». Juan Marsé alcanza su mayor nivel narrativo en *Si te dicen que caí* (1973), obra compleja y experimental, donde se entremezclan tres ficciones: la inventada por el autor, la que inventan los personajes a través de sus «aventis», y la de la historia real convertida a su vez en ficción novelesca. Todo ello con una estructura poco fácil, ruptura del tiempo y otros experimentalismos.

En 1978 gana el Planeta con *La muchacha de las bragas de oro,* obra apresurada y excesivamente comercial, a pesar de ciertos experimentalismos, que supone una caída en la calidad de su producción. Por último, en 1982 publica *Un día volveré.* En esta novela, donde el tiempo del narrador supone una perspectiva de quince años sobre el tiempo del relato, vuelve Marsé al más completo desencanto, mostrando una vez más los sórdidos aspectos del vivir cotidiano, en un clima donde ya no es posible la lucha ni, por tanto, la salvación: todo es fracaso, desengaño y renuncia.

II
TEORÍA Y CRÍTICA

1. CONSTITUCIÓN FORMAL

1.1. Lengua literaria

La narrativa española de este siglo ha dado acogida a muy diversas formas de expresión lingüística y, aparentemente, se nos manifiesta como un cajón de sastre donde cabe el lenguaje más literario junto al más puramente informativo, o junto al técnico, el periodístico, el humanista, etc., y ello con una variadísima muestra de registros idiomáticos, que nos llevan desde el más culto y refinado nivel al más vulgar, pasando por el coloquial, por el familiar y por las distintas jergas, sin olvidar la reproducción de regionalismos y de los lenguajes urbanos o rurales. Pero esto es natural, pues la novela es un género que permite tomar como mundo referencial cualquier manifestación de la realidad dentro de cualquier ámbito vital: la casa, el trabajo, el campo, la calle o la universidad. Y ya se sabe desde antiguo que los personajes deben expresarse «con propiedad».

Lo que debemos preguntarnos, por tanto, es si en la narrativa del siglo veinte podemos encontrar una evolución respecto a la novela decimonónica, que permita una visión más amplia y generalizadora. La respuesta es afirmativa, aunque sea preciso matizar, dada la casi cíclica repetición de tendencias «tremendistas», «sociales» o «experimentales» en nuestro siglo. Si fuera posible, deberíamos hacer abstracción de novelistas y de obras concretos, para quedarnos con el lenguaje nada más, y el modo como ha sido mayoritariamente utilizado en los diferentes momentos del siglo.

Ocurre, igualmente, que la expresión va íntimamente unida a unos «modos» del relato que, si ya habían sido utilizados en el XIX —estilo indirecto libre o monólogo interior—, van a emplearse casi sistemáticamente en la novela española de nuestro siglo, sobre todo a partir de los años cincuenta. En este orden de cosas, también el «tú» narrativo impondrá sus exigencias sintácticas al relato, y otro tanto ocurre con las técnicas objetivas-behavioristas, que casi exigen ese lenguaje tan criticado posteriormente «por su falta de preocupaciones estéticas». Ciertas formas de expresión vanguardista también imponen en este sentido, unas «extrañas» relaciones semánticas entre las palabras; piénsese ahora, concretamente, en las «greguerías» de Ramón Gómez de la Serna o en novelistas «deshumanizados» de preguerra.

Del mismo modo, la ideología —en un sentido amplio, la concepción del mundo— ha impuesto un determinado léxico y una determinada sintaxis. Compárense, por ejemplo, las retóricas de autores tan distantes en su concepción del mundo como Ricardo León —tradicionalista y conservador donde los haya—, o como los de la novela tremendista —desarraigo y angustia existencial—, o como los de la novela objetiva en su grado máximo que expone el «nouveau roman» o, finalmente, la actitud cínica, un tanto «pasota», un tanto desgarrada de un novelista como Ramón Ayerra.

Por otro lado, también ciertos asuntos relacionados con la sociología del fenómeno literario acaban por mediatizar el lenguaje de la narrativa y de la literatura en general. Así ha ocurrido, por ejemplo, con la censura, que condicionó durante años el uso de determinadas expresiones y la exposición de ciertos temas hasta el punto de llegar a imponer al lenguaje una curiosa ambigüedad que obligaba a saber leer entre líneas. La presión editorial y la convocatoria de algunos premios literarios, por ejemplo, también han condicionado el lenguaje, forzando casi a los escritores a adoptar unas determinadas técnicas y consecuentemente una determinada «retórica». Recordemos en este sentido, cómo Seix-Barral ha ido marcando líneas al favorecer en cada momento la publicación de unas novelas concretas, cómo se han valorado de forma muy distinta los diferentes premios literarios, o cómo, incluso, en los últimos años, Planeta concede una dotación económica especial para las novelas presentadas que sean más fáciles de adaptar al lenguaje cinematográfico.

Tampoco podemos olvidar que los novelistas tienen muy presente el tipo de público para el que escriben y ello influye fuertemente en la creación de la obra; encontramos así obras que parecen haber sido escritas para agradar a unos determinados receptores: la minoría intelectual, la aún más reducida minoría de los críticos —aunque lo nieguen los autores—, la pequeña y variopinta mayoría formada por los múltiples jurados de premios y, por último, la mayoría lectora del país que, sin despreciar la calidad, sigue gustando de la novela de argumento, personaje, final feliz y lenguaje «realista».

Finalmente, otros aspectos como los nuevos códigos de comportamiento social, los hallazgos técnicos y científicos, fenómenos como el «pasotismo», el rechazo del sentimentalismo, el alejamiento de todo lo que pueda parecer «cursi», etc., imponen también sus exigencias a la expresión novelesca. Una de las más claras sería la evitación sistemática de todo retoricismo vacuo y la incorporación al lenguaje literario de términos vulgares propios del «argot», o de palabras anteriormente proscritas, que se sugerían púdicamente con unos puntos suspensivos.

En definitiva, pues, son muchos los factores que condicionan el lenguaje literario y todos ellos deben ser tenidos en cuenta, aunque ahora, por criterios metodológicos los desarrollemos separadamente.

A) COMPONENTE FONOLÓGICO/MÉTRICO

Los fonemas castellanos en el siglo XX, al igual que sus respectivas materializaciones en el discurso —sonidos— son los mismos que ya quedaron fijados tras los reajustes fonológicos de los siglos XVI y XVII, por lo cual no nos ocuparemos del tema.

Sin embargo, se debe señalar cómo la transcripción de la cadena hablada —que ya en el siglo XIX había ido ajustándose a la realidad fonética del «habla» peculiar de cada región y de cada personaje— reproduce ahora dichos aspectos fonéticos con una fidelidad absoluta, cuando así se lo propone el autor, olvidando en consecuencia la «norma» ortográfica. Encontramos un ejemplo excelente de cuanto decimos en *Reivindicación del Conde don Julián*, de Juan Goytisolo, ya que a lo largo de sus páginas, se reproducen diferentes «hablas» americanas y españolas, siempre en un nivel coloquial o vulgar:

> mía paeso, pero qué babbaridá compai, que viene ette gaito con su cuento de limpia, fija, y desplendol y tiene la caradura de desil-le aúno, a menda, a mi mimmo, asien medio de la conversadera y tóo [...] (pp. 194-5),

o bien, la reproducción del «habla» andaluz:

> lo mizmo que Eya le protegió haztaquí zeguirá dizpenzándole zu patrozinio toa la vía: no pué irze azí, por la buena (p. 121).

Pero esto tampoco, como decíamos, es nada nuevo, ya que en el primer tercio de este siglo, culmina el proceso iniciado en el siglo anterior. De este modo, podemos encontrar numerosos ejemplos en la novelística de esos años. Veamos una muestra de la novela *La sangre de Cristo* (1907), de José López Pinillos, «Pármeno».

> — Paeses un paná, Juanete.
> — ¡¡rúuuuñ!!... ¡¡Jau!! ¡¡Ñau!!
> — Chiya, tesoro. ¡Ah, y cuidaito qu'esté bien serrao er postigo! ¡Mira que por er sieso s'han ajogao sin fin d'animales!
> — ¡Embustero, charrán!
> — No t'apures, clavé. ¿Un traguito pa los nielvos? (p. 101)

En muchas ocasiones la novela ha utilizado formas distintas de la expresión, según se tratara de un período descriptivo o de un diálogo, y esto ocurre incluso en una novela como *El Jarama,* donde, por este procedimiento se acentúan el contraste entre la expresión retórica del pasaje descriptivo y la expresión llana y coloquial utilizada en el ejemplo que sigue:

> Tenía el campo el color ardiente de los rastrojos. Un ocre inhóspito, sin sombra, bajo el borroso, impalpable sopor de aquella manta de tamo polvoriento. Sucesivas laderas se iban apoyando, ondulantes, las unas con las otras, como lomos y lomos de animales cansados. Oculto, hundido entre los rebaños discurría el Jarama. Y aún al otro lado, los eriales incultos repetían otra vez aquel mismo color de los rastrojos, como si el cáustico sol del verano uniformase, en un solo ocre sucio, todas las variaciones de la tierra.
> — ¿Quieres fumar? —Dijo Lucio.
> — Aún no; más tarde. Gracias.
> — Pues yo tampoco lío el primero, entonces, hasta tanto no fumes tú también. Cuanto más tarde empiece, mejor para la tos. Ah, y ¿van a ir la Faustina o tu hija a San Fernando?
> — Dentro de un rato, supongo. ¿Por? (*El Jarama,* p. 18-9).

El ritmo lento, favorecido por la abundancia de adjetivos, la presencia de cultismos, el tono enunciativo y pausado de la descripción y el valor atemporal del paisaje descrito, conseguido por el uso casi exclusivo del imperfecto de indicativo que, en este contexto, acentúa la extensa quietud del campo y la consecuente sensación de armónica —aunque inhóspita— monotonía, contrastan con la vivacidad del diálogo, en el que sobresalen la desigual cantidad de los grupos fónicos y la alternancia de los tonos marcados por las oraciones interrogativas, enunciativas y dubitativas, junto a la presencia de exclamaciones, preguntas cortadas y una sintaxis breve y asindética, como corresponde al lenguaje coloquial. Además, el ritmo es irregular y entrecortado, contrastando también con la extrema musicalidad del párrafo descriptivo, conseguida por la rítmica distribución acentual, por la similar repartición de los grupos fónicos y por la alternancia, bastante regular, de ritmos binarios y terciarios.

Desde otro punto de vista, observamos que la narrativa de nuestro tiempo ha introducido variantes en la puntuación —ya sea buscando un efecto estilístico, ya sea en respuesta a motivaciones de otra índole—, que, aunque afectan a la sintaxis, aún condicionan más el ritmo y la distribución de los grupos fónicos, cuyo reparto queda de algún modo, a merced del lector.

Cuando Miguel Delibes escribe *Parábola del náufrago* hace un uso ambiguo de la puntuación, pues, aparte de los signos normales, hay ocasiones en que los escribe con todas sus letras:

> Pero los mellizos no reparaban en fruslerías coma decían dos puntos. ¡Corre, papá! coma decían coma y Gen se lanzaba a un galope desenfrenado arrastrando al muchacho que portaba la correa y el muchacho gritaba entrecortadamente coma con el viento en la cara coma voceaba dos puntos. ¡Para, papá, por favor, que me caigo! y coma al detenerse Gen coma resollaban los tres coma Gen a un ritmo más agitado abrir paréntesis dos o tres resuellos por cada uno de sus hijos cerrar paréntesis entornando los ojos legañosos y mostrando un palmo de lengua sonrosada punto y aparte (p. 64).

Como se puede apreciar en este párrafo, Delibes se sirve del recurso descrito para contrastar las acciones de Gen (Genaro era un oficinista degradado por «rebelde», reducido en un «Refugio de Recuperación» propiedad de la empresa; termina convertido en perro mediante un proceso que conoceremos por ser similar al seguido por Jacinto, el protagonista, el cual acabará metamorfoseado en borrego) con las intervenciones de otros personajes que aún mantienen, si bien plenamente alienados, sus características humanas. Atendiendo a un análisis fónico, resulta evidente la pesadez, la arritmia, la incongruencia y la total ausencia de musicalidad de este tipo de discurso que, en ocasiones, se extiende a lo largo de varias páginas, irritando al lector. ¿Es precisamente eso lo que pretende Miguel Delibes buscando provocar en él una respuesta activa que le lleve a impedir unos métodos capaces de animalizar al hombre? ¿O es, tal vez, un recurso para plasmar la incomprensión, la soledad y la animalización del individuo, enclaustrado y cercado en favor de unos intereses, por una masa alienada e idiotizada? Quizá sea esta una interpretación y valoración excesiva del procedimiento que, para S. Sanz Villanueva no tiene otra motivación que «el simple juego» (1972: p. 277).

En cualquier caso, todo en esta novela lleva a la victoria de una sociedad opresora sobre el individuo, dentro de un clima angustioso, que incluso se manifiesta a través de cambios en la ortografía: el protagonista, mientras conserva su conciencia de hombre es «Jacinto San José»; pero cuando ha comenzado su proceso de transformación en borrego, será ya sólo «jacinto» y «jacintosanjosé».

Otro recurso habitual que afecta a la prosodia de la lengua es la costumbre seguida por muchos novelistas de eliminar totalmente los signos de puntuación, utilizando el recurso más para exponer los pensamientos de los personajes que para transcribir oraciones enunciadas por ellos. Y, en efecto, el pensamiento se ofrece así en bloque, respondiendo sólo a su propia lógica —o a su propia falta de lógica— y no a las exigencias de la puntuación académica que, en ocasiones, encorseta la transcripción de los volubles y repentinos saltos conceptuales que suelen aparecer, por ejemplo, en un monólogo interior o en la exposición de unas reflexiones como las que leemos en las mónadas de *Oficio de Tinieblas 5,* libro en el que no hay apenas signos de puntuación en casi trescientas páginas.

Juan Goytisolo nos ha acostumbrado a otra forma de puntuación, con la que pretende mostrar, a nuestro juicio, la especial ilación del discurso continuo, sometido en exclusiva a una secuencia lógica propia, de modo que los «dos puntos», como sustitución de cualquier otro signo expresan la constante asociación entre las ideas que constituyen el «continuum» reflexivo del mensaje:

> hay que rescatar vuestro léxico: desguarnecer el viejo alcázar lingüístico: adueñarse de aquello que en puridad os pertenece: paralizar la circulación del lenguaje: chupar su savia: retirar las palabras una a una hasta que el exangüe y crepuscular edificio se derrumbe como un castillo de naipes (*Reivindicación del Conde don Julián,* p. 196).

Es sabido que el lenguaje escrito, por más signos de admiración o de interrogación que use, no permite al lector conocer la precisa entonación, altura de voz, intensidad, etc., con que se emite el mensaje, si el autor —directamente o a través del narrador— no lo hace saber expresamente. Y ello, cuando se repite, suele acumular adjetivos y adverbios que paralizan el discurso, ralentizan el ritmo, detienen la información. En ocasiones son los propios verbos introductorios los que sugieren el tono de la intervención: «dice», «exclama», «masculla», «susurra», «gime», «ruge», «se disculpa», «gruñe», etc. Pues bien —sin llegar a sustituir plenamente dichos verbos o construcciones del tipo «dijo con timidez», «con rabia», «con voz airada», «trémulamente», etc.—, la tipografía sustituye en ocasiones la expresión verbal sugiriendo matices expresivos de la voz e incluso otros efectos:

Me trata como a una niña: lavarme, peinarme, vestirme así o asá es cosa mía, MIA (Ramón Nieto, *La Señorita*, p. 47).

Tradicionalmente quizá el narrador hubiera añadido una frase similar a «gritó finalmente con voz airada», mientras que aquí las mayúsculas suplen esta información. Este recurso, sin embargo, así como el de reducir el tipo de las letras en el caso contrario, o el aumentar el número de grafías que señalen un alargamiento producto de la llamada o del enfado, son en realidad recursos viejos. Es distinto sin embargo la distribución tipográfica que hace Ramón Nieto para sugerir los diferentes puntos de emisión que provocan los múltiples altavoces de un campo de tiro, en este caso:

```
los altavoces se entrecruzan en las bocas alineadas:
...bra...    impe...     tesón...
...y la fren  ade...      prie...
...mán...    riotas...    ideAL... (Idem, p. 305).
```

Existen otros muchos recursos tipográficos, pero no nos referiremos a ellos, porque van más allá del nivel fónico y afectan a la significación; sin embargo, todavía se deben mencionar otros dos recursos que sí afectan fonéticamente a la emisión del mensaje. El primero consiste en el simple cambio de tipo de letras para sugerir diferentes intervenciones de personajes. El segundo de ellos consiste en sugerir determinadas entonaciones mediante el uso de paréntesis dentro de los cuales se expresa la actitud del personaje y el tono general del diálogo. Así lo vemos, por ejemplo, en el interrogatorio al que someten a Pedro en *Tiempo de Silencio:*

— No, pero yo... (reconocimiento consternado)
— Usted sabe perfectamente... (lógica, lógica, lógica)
— Yo no he... (simple negativa a todas luces insuficiente)
— Tiene que reconocer usted que... (lógica)
— Pero... (adversativa apenas si viable)
— Quiero que usted comprenda... (cálidamente humano)
— No. (p. ´169)

Continuando con «experimentalismos» que afectan al componente fonológico, cabe citar ahora varios aspectos de la narrativa contemporánea, por el que algunos autores llegan incluso a la destrucción del sistema fonológico.

Entre los primeros hay que destacar la vivacidad rítmica que confiere al discurso el uso del estilo indirecto libre y del estilo directo libre, debido a que ambos conllevan la supresión de nexos traspositores y de verbos introductorios, exponiendo directamente los pensamientos o los dichos de

los personajes. En ocasiones, dentro del diálogo tradicional en estilo directo se consigue también una gran rapidez al suprimir la indicación del emisor que en cada caso interviene, como ocurre, por ejemplo, en *El Jarama,*
donde hay páginas en las que es preciso poner suma atención para saber
qué personaje concreto habla en cada momento (por ejemplo, pp. 128-9).
Pero será en el monólogo interior, desde la conciencia pensante — más
o menos lúcida y lógica— del personaje, donde se acentúa la ligereza del
discurso, la ausencia de rigidez, la velocidad discursiva, que parece empu-
jarnos a seguir leyendo, a leer sin pausa alguna, a perseguir los derroteros
del pensamiento, con el fin de encontrar ese sentido completo —montaje
mental del lector—, que se esconde bajo las extrañas asociaciones y los breves pensamientos que, como destellos, se entrecruzan brotando en el interior del personaje, sin que —con suma frecuencia— haya signos de puntuación que nos señalen las distintas modalidades de la oración, o las pausas que, en rigor, dentro de ese «río de conciencia pensante» no existe:

> satisfechos de la bienaventurada conclusión de los acuerdos hispano-
> americanos y del concordato con Pío XII Pastor Angelicus del dog-
> ma mariano amante de los corderos y los niños futuro santo venera-
> do en los altares preludio de la triunfal admisión en la OTAN y con
> los aranceles proteccionistas necesarios en la Europa del Mercado Co-
> mún europeos al fin con bikini definitivamente autorizado en las pla-
> yas y películas francesas verdosas y hasta sesiones clandestinas de strip-
> tís y todos temblábamos de horror ante la profundidad insospechada
> del mal sabiendo que pero Dios no lo había querido hubiera podido
> atacar igualmente a cualquiera de nuestros hijos extraviados [...] (Juan
> Goytisolo, *Señas de identidad,* p. 285).

Años más tarde se llegará incluso, como decíamos, a la destrucción del
sistema lingüístico castellano, lo que atañe por supuesto al componente fonológico del lenguaje. Dejando ahora de lado los numerosos extranjerismos y aun párrafos completos en otras lenguas, que nos llaman inmediatamente la atención al mostrar agrupaciones de sonidos no admitidos por
el sistema fonológico castellano, quiero exponer el caso de autores que voluntariamente, como propuesta ideológica o como simple juego, han mo-
dificado el sistema lingüístico castellano o incluso se han inventado alguno
diferente. Entre los primeros encontramos ejemplos en Pérez de Ayala, o
Delibes; entre los segundos destacan los «sonetos» y «canciones tradicionales» llenas de paralelismos y cadencias musicales, de G. Torrente Ballester:

> Mátira cóscora látura cal
> Torcalirete, Turpolireta,
> Lámbita múrcula séxjula ram
> Turpolireta frindela mu gay.

Tórcolo mórmoro blésturo mor
Torcalirete Turpolireta,
Sóculo mótulo vísculo son,
Torcalirete frindela mu yon. *La Saga-fuga de J.B.* (p. 203)

En uno de los «sonetos» (p. 429) el autor se complace en explicar diferentes sugerencias y evocaciones que el ritmo y no otra cosa, produce:

> un ritmo que era como una orden, a cuya voz los acentos se desplazaban: hacia atrás, una sílaba, dos sílabas hacia delante [...] Verso a verso, como en una pantalla —espantado, estupefacto—, Bastida veía surgir insultos, crecer blasfemias, afirmarse desprecios. La piedad y la tristeza se mudaban en crueldad y sarcasmo. ¡Aquel verso final, capaz de avergonzar al hombre más infame! «diclo rodí, feniltriclo, roetano». Jamás se hubiera atrevido a pensarlo; menos que nadie, de Julia (*Idem,* p. 429).

Veamos al menos el último terceto, que sería preciso leer con voz retumbante y melodramática, a juzgar por el desasosiego y el sentimiento de culpa que su «significado» provoca en Bastida:

> mistí limonaslá, torincalano
> labosal, tinlebaso, liel galubio
> diclo rodí, feniltriclo, roetano *(Idem)*.

Lo curioso es que esta fabulosa broma de Torrente Ballester atenta menos contra el lenguaje castellano —es «otra lengua»— que las modificaciones propuestas por Pérez de Ayala o por Delibes. Y sin embargo —paradójicamente— la lengua inventada por Torrente es, en lo tocante a la fonología, idéntica al castellano; lo cual quiere decir que el autor ha jugado con las múltiples posibilidades combinatorias de los sonidos castellanos, sin salirse nunca de lo que el sistema permite, aunque sean realizaciones inaceptables, y ajustando también los elementos suprasegmentales a la norma del español.

Cela también inventará una cadena fónica, pero ahora sin ningún sentido, aunque pretenda imitar el lenguaje «maorí» o el «galés»:

> el maorí que ganaba por olfato a los perros había nacido en tauma tawhakatangihangakoauauotamateaturipukakapikimaungahoronukupokaiwhenua kitanatahu [...] el galés que ganaba por aguda vista a los linces era natural de Clanfairpwllgwyngyllgogerychwyrndrobwillantysiliagogogoch (*Oficio de Tinieblas 5,* pp. 63-4).

En la misma «novela» que, según advierte Cela, «naturalmente, esto no es una novela sino la purga de mi corazón» (*Idem,* p. 7) —y hay que creerle—, vemos al autor complaciéndose, por ejemplo, en la «prestigiosa» acentuación esdrújula: «enfermos crónicos bronquíticos tísicos sifilíticos asmáticos diabéticos» (*Idem,* p. 160). Y la palabra «sifilíticos» nos hace recordar otra modificación fonética que, con su sarcasmo habitual respecto a la cultura heredada, expone Juan Goytisolo:

> la radio transmite a grito herido los danzarines compases de «Las sílfides» de Chopin: coño, no magreen!: no apriete usted, señora! [...]: la gallina cacarea, el niño aúlla, la radio ensordece con «la sífilis» de Xopén: estás entre la espada y la pared [...] (*Reivindicación del Conde don Julián,* p. 235).

Pero la verdadera agresión al sistema fonológico y, por supuesto, al morfosintáctico, la hará Delibes en *Parábola del náufrago,* donde el protagonista, Jacinto, propone las siguientes modificaciones:

> «los finales en ción y zón, contractan en za por simple eufa —decía Jacinto—. Ejo, precaución hace precauza y corazón, coraza». «Los tiempos verbos, salvo el parto paso, no contractan. Ejo, dormo por dormido, entero por enterado». «Los bisilos, de ordino, no contractan. Excepcias: nombres propios y los acabados en consona. Ejo, Ceso Fuenta y erro por error» [...] Primero dijo Eutilio Crespo: «Si los tiempos verbos no contran a excepza del parto paso, nos quedos a mita del camo, Jazo». Segundo, Jacinto replicó: «Ten en cuenta, Euto, que se trata de hacer un idia difo pero comprensa» (pp. 100-1).

Como vemos, las modificaciones afectan también a la morfología, pero no a la sintaxis ni a la semántica, que se respetan íntegramente. Tal vez, por eso mismo, las varias páginas en que se usa este «idia difo pero comprensa» se entienden con facilidad.

Y ya, para finalizar este apartado, señalemos cómo la novela actual, con suma frecuencia rompe el ritmo que la prosa impone, para aproximarse al ritmo poético —no a la prosa poética, que igualmente existe y es otro asunto—, lo cual se manifiesta incluso en la disposición tipográfica del discurso que aparece espacialmente dislocado, pero enriquecido por la significación unitaria y por las múltiples connotaciones de cada frase. Así lo vemos, por ejemplo, en *Señas de identidad:*

> no prolongues por rutina la farsa irrisoria del intelectual que sufrir
>   cree y obscenamente lo proclama
> por el país y sus hombres
> españahogándose y esas leches
> con la mirada perdida en el mar la escollera la Sexta Flota America-

na los depósitos de carbón los tanques de petróleo las barcas de vela
las gaviotas las cloacas
aléjate de tu grey tu desvío te honra
cuanto te separa de ellos cultívalo
lo que les molesta en tí glorifícalo
negación estricta absoluta de su orden esto eres tú (pp. 418-9).

También en el primer tercio del siglo hallamos un claro intento de escribir conforme a ritmos poéticos en un autor como Ricardo León y, como suele ocurrir en este escritor, todo se queda en retórica vana, en mero «adorno» sin gracia y, por supuesto, sin las significaciones complejas que el procedimiento comporta en Juan Goytisolo. Estos ritmos son frecuentísimos en Ricardo León; veamos alguna breve muestra, expresamente escogida, pues sus contenidos contrastan ideológicamente con los que ofrece Juan Goytisolo:

> Sagrada tierra de Castilla, grave y solemne como el mar, austera como el desierto, adusta como el semblante de los antiguos héroes; madre y nodriza de pueblos, vivero de naciones, señora de ciudades, campo de cruzadas, teatro de epopeyas, coso de bizarrías; foro y aula, templo y castillo; cuna y sepultura, cofre y granero, mesa y altar; firme asiento de la cruz y del blasón, del yelmo y la corona; crisol de oro, yunque de hierro: ¡Salve! (*El amor de los amores,* p. 30).

Por último, destaquemos en este sentido a Jesús Fernández Santos, cuya prosa resulta en numerosas ocasiones de extremada belleza y musicalidad, merced a una sintaxis de ritmo lento y ondulante, capaz de envolvernos en una atmósfera sutil y entrañable, cargada de percepciones sensoriales, lumínicas, cromáticas y auditivas, que le aproximan a la musicalidad de Gabriel Miró, y ello, muchas veces, expresado mediante un lenguaje que recuerda los ritmos poéticos por la similar distribución cuantitativa de los grupos fónicos y, consecuentemente, por la similar distribución de las pausas, así como del ritmo acentual:

> es el reino de los pájaros menores, del verderón que salta con su susurro intermitente desde las avenidas que dibujan y dividen los setos de boj, hasta el musgo de las arcadas, arrancando ese musgo, robando la crin de los sillones en los desvanes vecinos para hacer sus nidos entre las zarzas de la vega. Es el reino de los gorriones, un poco más arriba, al amparo de las primeras tejas, en la profundidad angosta de las antiguas grietas de los muros (*Las Catedrales,* p. 41).

Es este, pues, un procedimiento bastante común en nuestro siglo, realizado con mayor o menor fortuna, que aproxima los ritmos dispares de la prosa a los del verso, por las mayores recurrencias, derivadas, no ya de similitudes en el timbre vocálico, sino de recurrencias acentuales y cuantitativas. Pero esto tampoco debe considerarse como algo excepcional, si tenemos en cuenta que los géneros literarios parecen haber entrecruzado sus elementos formales, tanto estructurantes como lingüísticos.

B) *COMPONENTE MORFOSINTÁCTICO*

En rigor, no son demasiadas las innovaciones absolutas que en este orden alcanza la novela del siglo XX. En todo caso, ocurre que numerosos procedimientos que ya aparecieron en la novela decimonónica culminan ahora y, consecuentemente, se llega a la completa adecuación de la sintaxis a dichas técnicas narrativas, concernientes a los «modos» del relato. Tal ocurre, por ejemplo, con la sintaxis propia del «monólogo interior». Desde luego, será la semántica la que obligue a la sintaxis y no el procedimiento en sí, cuestión esta que es necesario explicar.

Si ya el monólogo interior se había expresado en el diecinueve mediante unos períodos sintácticos entrecortados, breves, incompletos y rápidos, ocurría que los contenidos del texto tenían siempre una lógica interna, por la cual respondían a una secuencia conceptual, con unas subordinaciones lógicas internas que se reflejaban simultáneamente en un discurso igualmente lógico, por entrecortado y elíptico que fuera. Pero en el siglo XX el monólogo interior abandona la lógica, y sobre una secuencia reflexiva a la que se suele volver como *leit motiv* se van acumulando múltiples asuntos: breves reflexiones paralelas que surgen como destellos, asociaciones mentales de carácter intelectual o nacidas de un estímulo sensorial percibido por el sujeto en un momento de sus reflexiones; palabras que alguien pronunció alguna vez, exclamaciones propias, súbitos recuerdos que entremezclan presente y pasado, etc. De este modo se llega a perder fácilmente el núcleo central de los pensamientos —el *leit motiv*—, que es casi siempre un deseo inalcanzado, una humillación sufrida, una angustia, una frustración, un recuerdo degradante. Muchas veces, ni siquiera hay un tema central que motive el monólogo interior y en pocas ocasiones es una vivencia agradable la que lo provoca.

Así, los contenidos resultan laberínticos porque la conciencia fluye sin trabas de ningún tipo y el texto carece, en apariencia, de significación unitaria. Lógicamente, la sintaxis no puede seguir guardando las habituales relaciones gramaticales, ni esos contenidos pueden ser puntuados como antes, ni cabe la división tradicional en párrafos o incluso en oraciones claramente delimitadas, siendo frecuente el anacoluto. En otras palabras, la semántica del texto domina toda la expresión.

En el componente que ahora comentamos puede observarse, por tanto, una sintaxis muy libre, llena de oraciones desligadas, incompletas y breves. Por ello, en contra de unas acabadas relaciones hipotácticas —como eran usuales en la novela decimonónica y aun en la del siglo XX en muchos casos—, encontramos una sucesión de diferentes proposiciones asindéticas, sintácticamente independientes entre sí o levemente coordinadas en relación paratáctica. En muchas ocasiones, la independencia se dará no sólo en el orden sintáctico, sino también en el semántico, por los frecuentes cambios de tema que el pensamiento va manifestando. Todo, por tanto, se ofrece al lector de golpe, sin nexos, a veces sin pausas expresas, llegando en muchas ocasiones, no sólo a la falta de lógica sintáctico-semántica sino al más completo e incomprensible caos. Veamos, como ejemplo, el progresivo descoyuntamiento, que genera incluso términos inexistentes en el léxico, del siguiente texto:

> Eras Tú, Tú, Bel, Luz-Bel, y no hay Eugenia que me azufre aunque crispantes rastrillos hayan roturado tus bucles y las varices sondeen tus andares en los que antes el mundo entero valseaba. No tienes ver... ni... Me faltan las palabras. Me... las... pa... Vergüenza, esta palabra me chisporrota. Entera, aunque prismaticada te he verdecido, y odio esa inclinación senil que me aferró al ventanal del rellano y me escrupularon los dedos para enfocar los prismáticos y resbalar, resbalar, lentes resbaladizas, del claro de bosque al oscuro de jardín, y allí, prado y arena roja, mi vista se estrelló contigo (Ramón Nieto, *La Señorita*, pp. 78-9).

Otro de los procedimientos que ya se utilizó insistentemente en el XIX —y aun antes— fue el «estilo indirecto libre». En él, la sintaxis se hace también sumamente ligera y viva al evitar las monótonas conexiones formales (que, cómo, si) del estilo indirecto, y los verbos transpositores subordinantes. De este modo, se introducen directamente los dichos y pensamientos del personaje, conservando así la vivacidad de los mismos, por las numerosas modalidades oracionales que se pueden expresar. Resulta característico e indicador en el «estilo indirecto libre» la presencia del imperfecto de indicativo, y del condicional en menor medida, en sustitución, respectivamente, del presente y del futuro. Gracias a estos procedimientos lingüísticos, el lector recibe la ilusión de estar escuchando directamente los pensamientos del personaje:

> La diferencia creaba alguna perplejidad en la mente de D. Carlos. ¿Es que podía haber diferencias entre ser cristiano y ser católico? Y si las había, ¿en favor de quién? (R.J. Sender, *Carolus Rex*, p. 129).

> Y se metió por las callejas más retorcidas y resguardadas de la izquierda. Estaban casi vacías. Siguió andando por ellas, acercándose sin prisa, dando rodeos, a la zona de los grandes hoteles. Por allí había vivido Cervantes —¿o fue Lope?— o más bien los dos. Sí; por allí, por aquellas calles que habían conservado tan limpiamente [...] (Luis Martín Santos, *Tiempo de silencio*, pp. 61-2).

> Pedro, por un momento, se preguntó si padecía un error [...] Pero no, era el mismo Matías, si bien con un aspecto que él nunca le había conocido (*Idem*, p. 138).

Existe otro procedimiento, el llamado «estilo directo libre», que no tiene variaciones lingüísticas respecto al estilo directo normal en cuanto a la intervención del emisor. Ahora bien, normalmente, el estilo directo libre aparece incrustado en el «decir» del narrador, sin que se encuentre tan siquiera algún elemento formal subordinante, propio del estilo directo normal:

> Mucho más tarde, Cartucho vuelto al vericueto, paseaba con una mano tocándose la navaja cabritera y con otra la hombría que se le enfriaba. «Ya me están jeringando» y «Todavía no ha nacido entodavía» y «Si me la descomponen» [...] (*Idem*, p. 105).

Como acabamos de ver, estas intervenciones en estilo directo libre pueden aparecer entrecomilladas o, a veces, entre paréntesis; pero también es frecuente que no exista ningún signo que avise al lector de este salto brusco desde el narrador hasta la intervención del personaje, como puede verse en el siguiente texto:

> Parecía un insólito joven suizo, amable con sus pecas rojas y sus ojos claros. Documentación, venga. (Juan Marsé, *Ultimas tardes con Teresa*, p. 404).

Ahora bien, junto a la presencia de esta sintaxis de frase breve, exenta de retórica, encontramos también una fuerte tendencia en muchos autores a desarrollar una frase larga, envolvente, interrumpida por paréntesis, incisos y rodeos, con una sintaxis plurimembre, zigzagueante, capaz de autogenerarse y de volver sobre sí misma, haciéndose interminable, aunque, curiosamente, conservando a veces una gran vivacidad y un ritmo galopante. Estos períodos sintácticos extensos aparecen en monólogos interiores, en soliloquios —aunque haya incluso un paciente y callado interlocutor—, y en los desdoblamientos de un personaje, cuando se habla a sí mismo mediante el «tú» narrativo, procedimiento que sí es novedoso en la novelística de nuestro tiempo y que se sistematiza sobre todo a partir de *La*

Modification, de Michel Butor, aunque ya lo había usado este mismo autor en una novela anterior. Un ejemplo claro de lo que venimos diciendo se encuentra en *Parábola del náufrago*, donde, en una sola frase, vemos cómo Delibes mezcla la descripción de unas jugadas de «parchís» con las conversaciones de los jugadores y con un desdoblamiento del protagonista, Jacinto, que, por una asociación de ideas, comienza a reflexionar dirigiéndose a sí mismo en la segunda persona narrativa:

> [...] y la señorita Josefita volcó de nuevo el cubilete, block, y volvió a salir un seis y «¡seis!», dijeron los cuatro a coro, y la expresión de desencanto de doña Presenta se trocó en una mueca esperanzada y la señorita Josefita, según movía el cubilete amarillo, tol-tol-tol, por tercera vez consecutiva, dijo «también sería mala suerte», y los cuatro pares de ojos se fueron tras el dado saltarín y cuando este se detuvo, doña Presenta, puesta en pie, tronó: «¡Seis, a casa! ¡La trampa de Dios siempre canta!», *pero tú sabes que no es así, Jacinto, menuda, tú lo sabes, hijito, que unas veces canta y otras no canta, que por esa regla de tres, mira, sería justo lo de las ordalías y los juicios de Dios, y no lo es, qué va, la trampa canta cuando quiere, Jacinto, de sobra lo sabes, que la trampa es igualito que un canario enjaulado, canta o no canta, que otra cosa es la condición humana, Jacinto, esa es harina de otro costal, menuda* [...] (p. 134).

En cuatro páginas no hay más que una sola oración harto compleja y lo mismo ocurre, en mayor o menor medida, en numerosas novelas escritas a partir de los últimos años sesenta. En cuanto al desdoblamiento que aquí vemos, dará un juego múltiple también en la novela experimental, sobre todo, en la que será muy frecuente la alternancia de las tres personas gramaticales, con las exigencias sintácticas que dichos procedimientos comportan. Especialmente significativo me parece este recurso en *Autobiografía de Federico Sánchez*, cuyo autor, Jorge Semprún, usa el «tú» para referirse a su pseudónimo, Federico Sánchez, y el «yo» cuando habla como Jorge Semprún:

> conducía la delegación como es lógico Santiago Carrillo formábamos parte de ella Enrique Líster, Santiago Alvarez: Juan Gómez: tal vez alguno más que no recuerdo: tal vez Romero Marín: y yo mismo: bueno no yo: yo no existía apenas por aquel entonces: no yo por tanto sino tú: Federico Sánchez [...] (p. 8).
>
> (Desde luego: la vuestra Federico: la mía no: que conste: pero vamos sigue sigue: ya no te interrumpo más) (p. 10).

El procedimiento funciona especialmente bien en esta novela, dado el fuerte tono de acusación y de descargo que mantiene a lo largo de sus páginas. El «tú», referido siempre a Federico Sánchez, se convierte así en una especie de escudo protector y supone un pleno acierto estilístico.

El empleo de este «tú» narrativo es obvio que exige determinadas modificaciones morfosintácticas al discurso habitual de la novela, tradicionalmente contada en primera o en tercera persona gramatical. De algún modo, desrealiza al personaje y generalmente le hace aparecer como ajeno a las circunstancias que lo rodean, de forma que sus análisis de la realidad adquieren una superior objetividad, al dar la ilusión de que el personaje reflexiona y analiza el mundo exterior y su propio yo, como desde fuera de sí mismo. Quiero aclarar, no obstante, que no debe confundirse este «tú» narrativo con el uso que se hace de este pronombre en el lenguaje coloquial, en frases que resultan impersonales.

Si la sintaxis, por tanto, ha sufrido numerosas modificaciones y variaciones en la narrativa de nuestro siglo, no podemos decir lo mismo de la morfología. La sintaxis, en efecto, ha ganado en vivacidad, ritmo, soltura, naturalidad, ausencia de retoricismos vacuos, y ha aumentado sus posibilidades expresivas merced a las múltiples combinaciones permitidas por las variantes encontradas en el uso de las personas gramaticales, en el estilo indirecto libre y en el monólogo interior, en relación con la narrativa precedente.

En cambio, con la morfología, debido sin duda a su carácter sistemático y a que sus elementos forman parte de paradigmas cerrados, no se han podido hacer muchas innovaciones: nadie puede modificar las desinencias del verbo, por ejemplo, y si se hace, se está inventando otra lengua, que es lo que ocurre, como ya señalábamos, en *La Saga-fuga de J.B.* o en la *Parábola del náufrago*. Atentados a la morfología, en un sentido amplio, encontramos en numerosas novelas que intentan reproducir el lenguaje coloquial, pero esto no es nada nuevo en nuestra narrativa.

Sin embargo, sí hay ciertos aspectos significativos y que, por ello, deben tomarse en consideración. Nos referimos en particular al uso que se ha hecho de prefijos y sufijos, y de combinaciones extrañas a la norma del español entre lexemas y morfemas de distinta índole, hasta llegar a crear unos neologismos que resultan muy sugerentes casi siempre, en función del contexto en que se encuentran. Recuerdo en este sentido la aparente paradoja del vocablo «prepostfranquista» aplicado por Eduardo Mendoza a los primeros años posteriores a la muerte de Franco en *El misterio de la cripta embrujada* (p. 20). Neologismos formados por composición y por derivación se encuentran por ejemplo, en *La Señorita*, de Ramón Nieto: «valseaba», «chisporrota», «prismaticada», «te he verdecido», «escrupularon» (p. 79); «Bel, Beluca, Beliña, Belilla, Belina, Beleta», «Mi malamada», «Fermínmalandrín» (p. 38); «buñuelesca», «papanatismo de ellosyellas, de los sin, sin esto, sin lo otro, los anti, antiesto, antilootro» (p. 98); «brazo natoso» (p. 173); «inquietos jóvenes, vivaces, vivarachos ellos. Buena cosa la vivarachidad» (p. 182); etc.

Creaciones similares se encuentran en *Tiempo de silencio,* de Luis Martín Santos, en las que se llega a la parasíntesis y a introducir derivaciones en extranjerismos previamente adaptados a la fonética castellana. Así, por ejemplo, encontramos palabras como «trotuarantes» (p. 129), para referirse a las troteras o prostitutas que pasean las aceras; o «resucitalcitrantes» o «submascarinas» (p. 128); o «ormuzorimadiana» (p. 130) —formada a partir de Ormuz, Oris y daimon—, o bien «churumbeliportantes faraonas» (p. 129); o, finalmente, «balenciagamente vestida» (p. 132).

C) *COMPONENTE LÉXICO-SEMÁNTICO*

Desde el momento en que la narrativa ha abarcado todos los asuntos posibles, es lógico suponer que en la novela de nuestro tiempo aparece todo el vocabulario imaginable, referido a los más distintos ámbitos, actividades y temas.

Tanto la novela de preguerra como la de postguerra ha captado y reflejado perfectamente el léxico urbano y rural, así como ha plasmado toda suerte de coloquialismos, expresiones propias del ámbito familiar, cultismos y tecnicismos de todo tipo, vulgarismos propios del argot, sin que falte tampoco el lenguaje humanista e intelectual o cualquier otro tipo de expresión, que va desde el informe policial más frío y anodino hasta el lenguaje lírico, pasando por el lenguaje de la crónica periodística o el lenguaje jurídico.

Pero todo, esto, con la debida evolución léxica, apenas diferenciaría la novela del siglo XX, de la decimonónica. Trataremos, pues, de analizar los aspectos más significativos y caracterizadores en lo concerniente al componente léxico-semántico.

Uno de estos rasgos caracterizadores puede ser la voluntad de rechazar una intención ornamentística, que en buena medida caracterizó a muchos autores de los primeros veinte años del siglo, empeñados en una retórica vacía, muchas veces arcaizante, que llegaba a resultar enfadosa y adormecedora. Si Gabriel Miró supone una cima de belleza expresiva y Ramón Pérez de Ayala se salva de lo indicado por la tersura y por la limpieza de su prosa, no ocurre lo mismo con autores como Ricardo León, Rafael López de Haro, Antonio de Hoyos y Vinent o la misma Concha Espina.

Veamos como ejemplo algunas muestras de *Los nietos de los celtas* (1917), de R. López de Haro:

La bruja habíale prometido a Helena que vendría un hijo del Diablo a buscarla, y la haría feliz en un himeneo crepitante como en un tálamo de lumbre. El anuncio se cumplió, pues vino al lugar Jorge, hijo del Demonio. Desde el primer momento, ella advirtió que Jorge iba a ser su dueño, y cuando la pedía amores, quisiera concedérselos (p. 251).

Y en la misma novela, encontramos expresiones como «era el fanal del cielo de cristal deslustrado» o «tácito diálogo de afirmaciones de amor» (p. 290-1), o bien «vestes de estameña» (p. 269), «hartos de holgar» (p. 119), o finalmente, «mil sabrosas costumbres de aseo y de buen gusto» (p. 121).

En la novela *El monstruo* (1915) de Hoyos y Vinent, aun tratándose de una prosa más elaborada, con resabios modernistas, es también muy clara la intención retórica, que anima su lenguaje con una leve tonalidad decadentista. En la edición manejada, de 1927, leemos:

> Llenas de un encanto obsceno y pueril, las estampas iban desfilando como un museo de monstruosidades para uso de un niño enfermo de literatura [...] las figuras atrabiliarias de una ironía ambigua, balbuciente, muy cándida o muy perversa (p. 5).

Esta voluntad retoricista, pero con un lenguaje terso, acendrado, tendente al recargamiento y un tanto barroquizante lo encontramos de nuevo desde la década de los sesenta —una vez acabado el «realismo social»— en diversos autores. Entre ellos, J. Benet, J. M. Caballero Bonald, J. Marsé, etc. Véase, por ejemplo, una muestra de Caballero Bonald, que no en vano es un excelente poeta:

> La siempre mortificante y siempre tentadora expedición por el laberíntico jaguarzal de la algaida, el imán de lo oculto amordazando la subalterna amenaza del castigo, escapados del tedio crepuscular de las lecturas hagiográficas para recorrer los movedizos canales de los lucios, la vara de acebuche tanteando entre materias en fermentación y gelatinosas sartas de huevos de batracios, vigilando en lo perplejo de la última luz la aparición del espejismo, cuando esa sola e inesperada fantasmagoría —un barco anclado entre nubes espumeantes o un superpuesto caserío atribuido al de los jabeotes de la otra parte de la ensenada— rompía toda conexión con la realidad y daba paso a la ofuscación de un tiempo que ya no poseía (no podía poseer) ni medida ni reclamo ni correspondencia alguna con la diaria tramitación de la historia (*Ágata, ojo de gato,* p. 14).

Frente a esta expresión colmada de adjetivaciones, de elementos reiterativos, de sintaxis extensa, barroca y cargada de incisos; de cuidadísimo y culto léxico, con imágenes de suma belleza, nos sería fácil oponer numerosos textos en los que se buscaba precisamente una estética contraria, una huida total del retoricismo. Esta característica de la novela de posguerra culmina con las descripciones objetivas que se realizan bajo el modelo del «nouveau roman». La celda que describe Luis Martín Santos sería el ejemplo típico:

> Las dimensiones de la celda son más o menos las siguientes. Dos metros cincuenta de altura hasta la parte más alta de la semicúpula, un metro diez desde la puerta hasta la pared opuesta; un metro sesenta en sentido perpendicular al vector anteriormente medido. Dadas estas dimensiones [...] (*Tiempo de Silencio,* pp. 171-2).

Sin llegar a este extremado lenguaje objetivo, tal forma de expresión, exenta de todo retoricismo fue predominante durante muchos años, por uno u otro motivo, en nuestra novelística.

Otro aspecto caracterizador de la expresión literaria del siglo XX, que nace con la poesía y pronto llega a los demás géneros literarios, sería la influencia que tuvieron los vanguardismos para dar a las palabras una nueva vida al imponerles unas combinaciones y unas asociaciones semánticas ilógicas, nada académicas pero sí evocadoras y sugerentes, que las alejaban de sus habituales acepciones, creando imágenes de difícil explicación o sugiriendo realidades y situaciones próximas a lo irracional.

Ramón Gómez de la Serna y Eugenio Granell nos servirán de ejemplo en este caso. En *La Nardo,* de Ramón, observamos expresiones que son prácticamente «greguerías», aunque no debe extrañarnos, pues es ésta una narración relativamente tardía en la obra del autor y es sabido que, una vez aclamado por su «invento», las buscaba frecuentemente:

> Cantaban ya los pajarillos piadores de Madrid que madrugan mucho, tanto como los de provincias, sin que se les peguen las sábanas de los aleros.
> Ya había pasado el puente de un día a otro, ese puente tan largo de pasar en plena vigilia y tan fácil a la deriva de los sueños.
> El piar ponía velo de vida a la mañana y la rejuvenecía [...]
> Pasaban las alpargatas de los obreros que eran como las ratas blancas de la calle (p. 48) [...] la persiana verde vestía de hoja de parra toda la habitación (p. 49).

La surrealista y esperpéntica *Novela del Indio Tupinamba,* de Eugenio Granell, nos brinda la siguiente muestra:

> Llegados a un descampado, los desataron y los colocaron contra una pared especial que para el caso habían llevado en un camión,

ya que a aquellas horas estaban ocupadas casi todas las tapias ordinarias de Madrid. En seguida, se dispusieron a fusilarlos.
—¡A la cabeza! —ordenó el bestia de Aigorriesteta.
Se oyó una descarga, pero los tres condenados ni siquiera se movieron. Era porque en vez de tener la cabeza sobre los hombros, como es lo corriente, la habían puesto los tres, tan campantes, debajo del brazo derecho (pp. 91-2).

Otro rasgo general de la narrativa de nuestro tiempo es la crudeza del léxico y la fidelidad en la reproducción de palabras malsonantes, propias del lenguaje coloquial, del que además se toman numerosos giros y frases hechas. Aunque estos rasgos ya se dieron en la novelística del primer tercio del siglo —recuérdense autores como José Francés, Vicente Díez de Tejada, Manuel Ciges Aparicio o José María Carretero— será a partir de los años cuarenta cuando más habituales se hagan estas expresiones. La presencia de situaciones escabrosas, ambientes sórdidos, miseria e indiferencia moral, nihilismo destructivo, etc., llevan a un lenguaje frecuentemente soez y directo que siempre se identificó con el «tremendismo» y, superado éste, sin posible regreso a expresiones eufemísticas, dicho lenguaje se irá imponiendo cada vez con más fuerza, incorporándose totalmente a la expresión de la narrativa al recoger el lenguaje coloquial. Sería prolijo ofrecer ejemplos extensos de obras muy leídas, por lo que nos limitaremos a ofrecer algunas muestras sueltas de expresiones y palabras —«interjecciones impropias»— que incluso en novelas coloquiales de antaño solían ser evitadas.

De *Un día volveré*, de Juan Marsé, seleccionamos:

¡Hostia, qué paliza de tío! (p. 212).
¡Quieto, joder! —la llave, hijoputa (p. 238).
Le va de puta madre (p. 193).
Vete a tomar por el saco (p. 25).

En *Los Santos Inocentes*, de Miguel Delibes encontramos:

¿dónde coños te metes? (p. 107).
¿no puedes poner quieta la lengua, cacho maricón? (p. 121).
Ahora si que la jodimos, señorito Iván (p. 123).

En orden a palabras malsonantes destaca una serie hilada de vocablos, emitidos por Licia, al ser detenida en la novela *La Señorita,* de Ramón Nieto:

...esteguardadeloscojonesmaricónaunanotejodequesemetalamanoen-
hijodeputadelagransuéltamelecheveteatomardesgraciadolamadreque-

tepariósoistodosunosmamonesquenomesaledeahícallarmetantocabrón-
sueltoyajodernoslaspersonaspuñeterosatumadresimetocastedoyunahos-
tianote... (p. 177).

Aparte de estas expresiones, lógicamente se dan en la narrativa todos
los rasgos característicos del lenguaje coloquial: comodines y palabras «óm-
nibus», repeticiones, frases hechas, metáforas, traslaciones, comparaciones hiperbólicas de tono afectivo o despectivo, expresiones injuriosas utilizadas afectivamente, reticencias sugeridas por elipsis o puntos suspensivos; exclamaciones, invocaciones a Dios y los santos, juramentos, interjecciones, amenazas, etc., etc., que se corresponden perfectamente con una
sintaxis propia del lenguaje coloquial, en el que se observa extremada variedad en las modalidades oracionales, escasez de nexos, frases cortas con
numerosas elipsis, comparaciones reforzadas, gerundios con valor imperativo, etc. Todas estas cuestiones han sido ya estudiadas en diversos autores, particularmente en Cela y Sánchez Ferlosio. Actualmente, el lenguaje
coloquial en su expresión más directa y también más castiza se encuentra
en las novelas de Ramón Ayerra.

Otro rasgo típico de la novelística del siglo XX sería el haber dado entrada a un léxico propio del tema erótico y pornográfico. En este sentido
se pasa a lo largo del siglo de un lenguaje más o menos elusivo y eufemísti-
co, incluso en la novela erótica de preguerra, al lenguaje más desenfadado
y vulgar, pasando a veces por una expresión pretendidamente retórica y
embellecedora.

En la novela de Joaquín Belda, *Memorias de un somier,* encontramos un
lenguaje absolutamente directo, sin rasgos literarios que lo dignifiquen,
ni siquiera por el gracejo o el acierto en la selección de unas frases coloquiales como puede ocurrir en otros autores. La única «originalidad» es
convertir a un objeto en narrador de la novelita. El somier cuenta, pues,
las numerosas escenas que sobre él se han realizado —violaciones, lesbia-
nismo, prostitución, etc.— en un lenguaje chabacano exento de toda «literatura», como era frecuente también en José María Carretero, más conocido por su pseudónimo «El Caballero Audaz»:

> —Bueno, vamos a hacer ahora una cosa que yo he inventado y que
> se llama Una mujer bien aprovechada. [...] la dueña de la casa se
> dejó caer sobre mí panza arriba, y los demás, hombres y mujeres,
> sabiamente instalados por el director de escena, quedaron de tal mo-
> do colocados [...] que no había cavidad ni orificio del cuerpo de mi
> ama que no resultase ocupado por alguien, hombre o mujer. Al mis-
> mo tiempo y en justa reciprocidad, todos ellos resultaban ampliamente
> satisfechos en sus justas aspiraciones por las sabias caricias de doña
> Ursula (p. 97).

Es sobre todo el «clima» de las situaciones lo que convierte la novela en pornográfica, y no los actos descritos o el lenguaje empleado, que han sido superados ampliamente en cuanto a minuciosidad descriptiva y crudeza verbal por la novelística posterior.

En este sentido, y sin ser una novela erótica, cabe destacar la lenta, extensa y minuciosa descripción de una serie de aberraciones sexuales que Java —protagonista de *Si te dicen que caí,* de Juan Marsé— realiza sobre una prostituta poco experta, que resulta humillada de distintas formas a lo largo de cuatro páginas, siguiendo el programa exigido por un «voyeur» imposibilitado.

Un lenguaje populachero, vulgar y soez encontramos en una novela como *La tibia luz de la mañana,* de Ramón Ayerra, a quien sólo el humor y un especial acierto en la selección de los elementos coloquiales le salva de caer en lo pornográfico:

> —venga, so zorra, que se me está calentando la sangre
> —¿por qué no te haces una pajita?
> —porque no me sale de las pelotas
> —es una razón
> —venga, abre, que no te ando, joderse con las tías [...]
> —tú ríete
> —yo lo que quiero es joder, y es que no entra
> —claro
> —es que le falta churre, el cachonedín, la cosa
> —aaah
> —abrete más, a ver si así
> —aaah
> —o dejas de bostezar o te doy una hostia
> —se ha cabreado
> —es que así no hay quien joda (pp. 10-1).

Un diferente lenguaje erótico, tamizado por una retórica que lo aproxima a la expresión lírica en virtud de las comparaciones utilizadas, lo encontramos en un autor como Baltasar Porcel, al describir unos actos sexuales, de carácter incestuoso:

> Tiemblo de placer al recorrer tu carne con mis manos, al apretar tus nalgas prominentes, al coger la pulpa de tus pechos, al impregnarme de la materia de la cual estás hecha. Es como si Madre Natura estuviese toda en ti: como si la tierra grumosa, caliente de sol, y los árboles, su madera sólida, rugosa y la profunda permanencia de las piedras, como si todo adquiriera suavidad y ternura, palpitara, como si el mundo hubiese adquirido tu forma y dimensiones y fuese de mi propiedad. [...] Bebo, como si se derritiera el sol, el líquido que emanas (*Caballos hacia la noche,* pp. 41-2).

En quinto lugar, podríamos destacar la insuficiencia léxica que parecen sentir los escritores de nuestro siglo, cuando, mediante el mecanismo de la composición, perfecta o imperfecta, llegan a crear palabras tan amplias como una frase completa, aunque se les deba dar un significado global y unitario. Este rasgo es propio de la novela actual, y los ejemplos podrían ser numerosísimos. En *Tiempo de silencio,* de Martín Santos, se contabiliza al menos en seis ocasiones y después lo vemos, como decíamos en muchas novelas. El fenómeno es, en su significación y alcance muy similar al que señalábamos en el apartado correspondiente al componente morfológico. Veamos ya algunos ejemplos indicativos.

Ramón Nieto nos brinda el siguiente: «el-hombre-vestido-de-verde-con-mandil-de cuero» (*La Señorita,* p. 13).

Con anterioridad, encontramos en *La Saga-fuga de J.B.* la siguiente muestra:

> y la fotografía del bigotudo-caballero-vestido-de-frac-con-la-chistera-puesta que se estaba tirando a la mujer-desnuda-de-ancas-de-yegua-percherona-tetas-de-vaca-suiza-moño-en-rodete-que-le-chupaba-al-caballero-la-guía-izquierda-del-bigote y era lo más pornográfico que había visto en su vida (p. 430).

Pero incluso se llegará a la «composición absoluta», uniendo completamente las distintas palabras. Así vemos, por ejemplo, en *El misterio de la cripta embrujada,* de Eduardo Mendoza: «tenía yo que llamarme Loquelvientosellevó, sugerencia que [...]» (p. 61). Ya antes, en *Reivindicación del Conde don Julián,* escribía Juan Goytisolo:

> y la voz lastimera sube angustiosamente hacia ti: buenosdiascaballero, mamalapobrecomosiempre, setintaañosyaylasaludylosdisgustos: cacareos de gallina [...] (p. 236).

También en *La Señorita,* de Ramón Nieto, encontramos: «un silencio bellodurmiente» (p. 266).

Finalmente, otro rasgo muy general en la narrativa de nuestro tiempo es la incorporación no ya de extranjerismos sino de frases enteras en otras lenguas, ya desde la década de los sesenta, con una u otra intención. Son tantas las novelas de estas dos últimas décadas donde encontramos estas inclusiones que me limitaré a ofrecer una curiosa deformación, por adaptación a nuestra fonética de algún anglicismo. Lo vemos en Mendoza, en su novela *El misterio de la cripta embrujada:* «Un tugurio apedillado *Leashes American Bar,* comúnmente conocido por El Leches, sito en [...]» (pp. 30-1); y el mismo tono burlesco se aprecia unas páginas después:

Adoptando el talante mundano que suelo fingir en tales circunstancias:

—*Me* —dije recurriendo a mi inglés algo oxidado por el desuso—,
Cándida: *sisters*. Cándida, *me sister, big fart*. No, *no big fart: big fuck*.
Strong. Not expensive. ¿Eh?

—Cierra el pico, Richard Burton —respondió desabrido el marine-
ro. (*Idem*, p. 34).

D) *COMPONENTE RETÓRICO*

Ya hemos advertido que la ornamentación retórica no es una de las
cualidades más valoradas por los novelistas del siglo XX y que en algunos
casos se llega a despreciar expresamente, como ocurre en la novela del realismo social. Ese mismo rechazo expreso es también una forma de retórica, pues forma parte de su «poética». En este sentido, tan retórica puede
ser la ausencia de recursos estilísticos o figuras literarias como la presencia
de dichos elementos; pero en cada caso según se corresponda con la «poética» adecuada.

De este modo, se explica tanto el acicalamiento de Gabriel Miró, como
la pobreza expresiva de cualquier «transcripción magnetofónica», o las se-
cas y revulsivas descripciones de un López Pinillos, el protestado lenguaje
soez de los «tremendistas», o el recargamiento barroco de muchas novelas
actuales. El procedimiento será el adecuado en tanto se conjunten factores
tan diversos como ideología, contenidos, lenguaje y forma.

Recordemos unas palabras de Cela que cito de memoria: «se me acusa
estúpidamente de tremendismo, pero escribo así porque el mundo es tre-
mendo. Sería una traición pintar nuestra realidad con los colores de Fra
Angélico». Aplíquense estas palabras, con las modificaciones precisas, a
cualquier movimiento literario y será fácil comprender que en gran medida toda forma de expresión responde a una posición ideológica, a una concepción del mundo, a una determinada situación histórica, a una concreta
formación cultural e intelectual, a unas vivencias y experiencias vitales propias de cada autor y a una posición ética personal o de grupo, como respuesta a la realidad.

Es así como la «retórica» encuentra su justificación en nuestros días:
no como «aggiornamento» vacuo de la expresión que sea preciso introducir de cualquier modo —según lo hacían muchos novelistas de las primeras décadas— sino como un elemento necesario más, por presencia o ausencia, dentro del planteamiento y estructura de cada obra. Por lo demás, en
cualquier autor se podrían encontrar, de proponérnoslo, recursos literarios ya conocidos desde la preceptiva clásica.

En cualquier caso citaremos unos párrafos de *La Señorita,* de R. Nieto, como muestra de que incluso en la novela experimental aparecen las figuras literarias:

> al cascabelear una campanilla las fieles fieles se santiguan, reciben el bálsamo de paz para su corazón embalsamado, tormento para su tormenta, indulgencia para su indigencia. La que lleva las flores disputa con la que lleva las velas, la que da brillo al esmalte discute con la que blanquea los corporales (p. 87).

En estas líneas, el uso de las paronomasias se puede interpretar como un irónico juego de palabras basado en el contraste fónico-semántico; asimismo, resalta la onomatopéyica aliteración inicial —«al cascabelear una campanilla»—, por la reiteración de consonantes oclusivas y de vocales claras, así como de líquidas y nasales que sugieren perfectamente el nítido golpeteo del pequeño badajo contra el bronce. El autor utiliza también un elemento «—tormenta»— que resulta a la vez metonímico y metafórico. En la segunda parte del párrafo observamos unas construcciones paralelísticas de orden sintáctico, en igual búsqueda del contraste: paz/discusión. Todo el fragmento va encaminado a poner de relieve la hipocresía de esas «fieles fieles», embalsamadas, atormentadas e indigentes, dentro de una religiosidad puramente exterior y ornamental, según se deduce de los elementos que aparecen: campanillas, bálsamos, flores, velas, esmaltes.

Otro párrafo de la misma obra que podríamos señalar, sería el siguiente:

> Feliz hora, feliz siesta, ¿has engrasado mi rifle, querido Fermín?, feliz quietud en el ruboroso jardín geométrico, cuando las flores variopintas, los prados verdiazules y los cerezos agridulces componen un caleidoscopio de monacal arrebol (p. 179).

Aparte de las evidentes identidades sintácticas y de esa interrogativa que incorpora la utilización del «estilo directo libre» sin marcas lingüísticas o tipográficas de ningún tipo, es preciso destacar aquí el uso de la adjetivación, destinada toda ella a realzar el sentido de paz, sosiego, belleza que justifique la «felicidad» del personaje. Con sus adjetivos, su culto léxico, sus compuestos paralelos (variopinto, verdiazul, agridulce) y su sonoro quiasmo final rematado en dos palabras agudas, dos elementos retóricos quedan igualmente sobrevalorados: los viejos tópicos del *beatus ille* y del *locus amoenus.* Si además se piensa asistir a una cacería, cabe sospechar la protesta intrínseca que existe al presentar la tres veces feliz existencia del personaje contrastada con la angustia y las miserables condiciones de vida de los más.

Ahora bien, estas significaciones globales —el sentido irónico de una religión externa y la protesta intrínseca ante la presencia de ese «beatus» señor, que descansa en su jardín— sólo puede darse en realidad después de haber leído el texto completo y de situar a la novela dentro de ese conjunto ideológico, cultural, histórico, etc., que apuntábamos. Por este motivo insistimos en que mostrar e interpretar aisladamente unos fragmentos no demuestra nada sobre el «componente retórico» de nuestra novela en general.

1.2. Disposición artística

A) POÉTICA (IDEAS LITERARIAS)

> La novela es «el más hospitalario de los anfitriones; la novela atrae hoy a escritores que ayer hubieran sido poetas, dramaturgos, panfletistas o historiadores. De este modo, la novela como la llamamos todavía con una tal sobriedad lingüística, se disocia claramente en libros que no tienen en común entre sí otra cosa que este nombre único e insuficiente» (Virginia Woolf; citada por R. Rubio, 1970: p. 23).

Habida cuenta de las numerosas variantes narrativas que, con mayor o menor intensidad o duración surgen en el siglo XX, hemos de realizar forzosamente una síntesis de los muchos debates teóricos que en cada caso anuncian, acompañan o cierran esta o aquella tendencia, refiriéndonos sólo a los movimientos que conllevan modificaciones formales lo suficientemente importantes como para convertirse en «estructura» o en «filosofía» de la novela; es decir, cuando un procedimiento técnico condiciona la forma del relato hasta el punto de llegar a convertirse en la estructura misma o cuando deja de ser simplemente un método y se convierte en «filosofía», informando «a priori» la creación novelesca, como ocurre con el objetivismo, por ejemplo.

Cuando se inicia el siglo quedaban retazos de un naturalismo —nunca bien asentado en España— con signos de espiritualismo, pero muy pronto se acabó volviendo al «realismo» tradicional, con las convenientes modificaciones técnicas. Junto a estas novelas «realistas» de temática social, erótica, histórica, etc., surgieron con las vanguardias unas novelas que tendían al intelectualismo y a la renovación formal y lingüística. En esta última tendencia cabría incluir también la novelística de Unamuno o de Azorín (cf. *LCLE*, t. 18).

En resumen, siendo imposible una clasificación temática de la novela —Ortega temía por la novela como género, pues no creía que se pudieran inventar nuevos argumentos— y no siendo tampoco conveniente hacerlo ateniéndose a conceptos como «realismo», «psicologismo», «intelectualismo», etc., por lo escurridizo de estos términos, creemos que lo adecuado es atenerse a los factores formales y técnicos, y tratar así la evolución de la «poética» literaria relativa a la novela, permitiéndonos incluir otros criterios.

En primer lugar nos encontraríamos con novelas de estructura tradicional; se trata de una novela burguesa con grandes dosis de psicologismo que abarca cualquier tema.

En segundo lugar tenemos lo que podríamos calificar en un sentido muy amplio, como luego veremos, de novela «objetiva». Sería esta una novela comprometida en términos generales que podemos examinar a través de tres momentos. Al principio se trata de un «objetivismo» que se concibe como «método». Hallaríamos aquí autores y novelas que usan una técnica objetiva respecto al punto de vista, de modo que el narrador llega casi a desaparecer dando entrada, incluso, al «protagonista colectivo». Se pretende en definitiva, mostrar la realidad tal como es en sus múltiples y diversas facetas, a base de acciones simples y a menudo simultáneas, distribuidas en múltiples secuencias. Una novela típica dentro de esta línea sería *Manhattan Transfer,* de John dos Passos. Otra forma de novela objetiva se da cuando la narración viene previamente *informada* por unas concepciones filosóficas que determinan la creación literaria; con esta novela, del objetivismo americano pasaríamos ahora al «neorrealismo» italiano, el cual, por las condiciones sociales y políticas, hace suyas las teorías de Lukács y de Goldman. Ya no importa el individuo, sino el medio social, el grupo y sus relaciones con la realidad socio-económica y política. La necesidad de transformar esas relaciones desde una óptica marxista *informará* el proceso narrativo. El autor se siente «comprometido» y la novela deviene «objetiva», incluso en ciertos aspectos formales, bajo la batuta ideológica de los críticos señalados. Por último, dentro también del objetivismo encontraríamos la llamada «escuela de la mirada», propugnada por el «nouveau roman». Esta es en realidad, considerado en su aspecto estrictamente formal, la verdadera novela objetiva. Ya no preocupa tanto la concreta idea de la transformación de la sociedad, cuanto la imposibilidad misma de esa transformación. Surge entonces una concepción del mundo desalentadora y destructiva, capaz de producir la «antinovela». No es extraño, pues, que esta novelística desemboque en el experimentalismo más absoluto, con lo cual entraríamos ya en la novela experimental.

Esta simple clasificación, según un criterio formal, creo se corresponde con los tres tipos de novela que toda sociedad genera simultánea o alternativamente:

a) Una novelística burguesa y adaptada plenamente a la situación social de la clase dominante, que se correspondería con la novela tradicional.

b) Una novelística «comprometida», que desea cambiar las condiciones políticas y socioeconómicas en favor de las clases dominadas.

c) Una novelística que tiende a su propia destrucción ante la imposibilidad de transformar la sociedad y que se correspondería con la novela experimental, la cual, desde el momento en que renuncia a la lucha, se convierte en novela burguesa y, además, minoritaria.

En virtud de esta clasificación creemos que puede explicarse la convivencia de diferentes novelas en una misma década, como ahora mismo ocurre, al margen de que respondan o no a un concepto realista, cuestión difícil de precisar ya que toda novela lo es de alguna manera: en unas novelas predominaría una causalidad natural, mimética, verosímil y psicológica; en otras, una causalidad mágica o fantástica que rigurosamente impone sus leyes al mundo creado por la novela misma; en otras, predominaría una causalidad sobrenatural y, por tanto, totalmente arbitraria en cuanto a los elementos que conforman el mundo novelesco (E. Rodríguez Monegal, 1976: p. 220), lo cual, en términos generales, nos llevaría a un «realismo mimético», a un «realismo mágico» y a un «realismo maravilloso».

Trataremos, pues, de exponer las ideas literarias que han sustentado las formas novelescas diferenciadas al principio:

a) La novela tradicional

No nos detendremos en ella, ya que todos los planteamientos teóricos nacen en el siglo XIX —incluso antes— y ya han sido expuestos (cf. *LCLE*, t. 14). Como los novelistas del siglo XX que cultivan la novela tradicional son, quizá no ideológicamente pero sí técnicamente, herederos directos de los autores decimonónicos, no creemos necesario ahondar en el tema.

b) La novela objetiva

1º Objetivismo como método o «realismo objetivista»

Es difícil señalar, por la confusión que en términos conceptuales se da con el realismo, dónde termina la objetividad decimonónica y comienza la objetividad de nuestro siglo. Se hace necesario acudir a la distinción de los ingleses entre «showing» (mostrar) y «telling» (explicar). En la medida en que lo primero se impone paulatinamente sobre lo segundo, iremos viendo la aparición de este objetivismo que nace con la «generación maldita» o «generación perdida» norteamericana, de los años veinte, gracias a autores como John dos Passos, Ernest Hemingway, F. Scott Fitzgerald, John Steinbeck, etc El «método» objetivo de estos realistas elude la presencia del autor en la obra, que queda ajeno a la misma y ni siquiera se esconde tras la figura del narrador. No se trata ya de «explicar» el mundo, sino de «mostrarlo» tal cual es y ello comporta ciertas innovaciones técnicas que atañen fundamentalmente al narrador, al punto de vista, a la causalidad, a la descripción de las acciones que los personajes realizan, y, finalmente, al tiempo del relato que suele reducirse a medida que aumenta la objetividad. En estas novelas la realidad se nos ofrece plana pero múltiple y, por eso, en sí misma problemática. No es necesario que el narrador señale contradicciones, angustias, frustraciones... Están en la realidad y el lector las capta a través de la simple descripción de los objetos y de los ambientes, ofrecida igual que podría hacerlo una cámara de cine, es decir, como son, pero buscando relieves y con un criterio selectivo.

La crueldad fría de la realidad opera sobre el autor impidiendo toda forma de sentimentalismo y de retórica vacía. Es el momento de una literatura ambivalente en la que, junto a un vitalismo plenamente alejado de cualquier postura intelectualista, dispuesto a exprimir todos los placeres y a afrontar todos los riesgos (Hemingway), encontramos una atmósfera agobiante, sórdida, amenazadora, en un clima inauténtico, desesperanzado, solitario, angustioso y alienante —no olvidemos la influencia del existencialismo, vigente a partir de la Segunda Guerra Mundial—, todo lo cual influirá, conjuntamente, en novelistas como C.J. Cela o Carmen Laforet, a través también de la obra de Sartre, que publica sus primeras novelas cortas en 1937, con «la presencia incuestionable de algo único, turbador, poderoso» (G. de Torre, 1971: III, p. 48) capaz de herir las conformistas y tradicionales mentes de la burguesía lectora.

Nos encontramos, así, en esta novelística, una realidad dura, poco conciliadora y mostrada al desnudo, mediante unas técnicas que se convertirán más tarde en apoyo de una posición filosófica —realidad contestada: novela testimonial y comprometida— para convertirse, finalmente, en un objetivismo plenamente formal —aunque no desprovisto de una base ideológica— con el «nouveau roman».

Contrasta, por tanto, plenamente esta actitud con las ideas literarias decimonónicas, por las que el novelista reproducía miméticamente una realidad asumida y la explicaba de forma más o menos intelectualista, de acuerdo con la formación cultural o la posición ideológica del autor, expuesta a través del punto de vista del narrador sabelotodo, presente incluso en las novelas de Pérez de Ayala, tan innovador en otros aspectos.

Con este objetivismo inicial de los norteamericanos, comienza, pues, a superarse esa visión del mundo que operaba como imperativo moral sobre la realidad, obligando a la representación de la misma con el fin de hallar un «deber ser» de valor universal. La narrativa se libera así de las imposiciones éticas, morales e ideológicas que el autor se sentía obligado a encontrar, exponer y explicar, liberando con ello a los lectores de las extensas, farragosas y poco creíbles exposiciones descriptivas de estados de ánimo, actitudes, reflexiones, motivos, creencias, etc. Había llegado «la hora del lector».

2º Objetivismo como filosofía o «realismo social»

En 1920, Lukács publica por vez primera su *Teoría de la novela,* no reeditada hasta 1962 con un nuevo prólogo y un importante epílogo de Goldmann, y desde entonces una tendencia de la literatura va acentuando progresivamente su tono militante y su condición de arma política. En la primera década tendrá unos efectos más teóricos que prácticos: comenzará por derribar el formalismo —en auge por esos años—, desde unos postulados marxistas; pero también dará sus frutos en el teatro, gracias a Erwin Piscator y a Bertolt Brecht, quien, aunando la creación y la teoría, desarrolla las iniciativas que ya años antes habían ensayado en Rusia una serie de tendencias y de grupos englobados bajo el nombre de «Octubre teatral».

La «objetividad» crítica —tradúzcase por «distanciamiento» —entra en el teatro y se desarrolla allí antes que en la narrativa, en la que se centrará Lukács, afirmando que la novela debe señalar las contradicciones de la sociedad en su relación con el hombre —no olvidemos su «héroe problemático» que Rodríguez Almodóvar (1976: p. 95) prefiere llamar «personaje contradictorio»—, conforme al método dialéctico.

Más tarde Goldmann, según señala C. Pérez Gállego, expondrá la idea de «totalización», de modo que «se pueda hablar de un método que todo lo incorpora, que busca no sólo A.B..., sino *lo transindividual,* para llegar con una prosa a devolver un valor de los hechos reales» (*sic*), mediante «la construcción de un método lingüístico que abarque hasta los últimos reductos de singularidades no tipificadas» (Pérez Gállego, 1975: p. 14).

Junto a esta nueva preceptiva literaria se desarrolla la idea de que la obra de arte ha de ser testimonial y comprometida. Ya en 1927, mucho antes de que Sartre escribiera *¿Qué es literatura?* —publicada en 1947 con el título original de *Situations II*— afirmaba Julien Benda que las clases dirigentes, los intelectuales, encargados por definición de guardar los valores relativos a la Libertad, la Justicia, la Razón, etc., habían traicionado esa función al seguir sus propios intereses y enrolarse en las pasiones militares que conmovieron al mundo, durante la primera gran guerra y su postguerra. Ya vimos al tratar a nuestros novelistas sociales de los años veinte y treinta cómo José Díaz Fernández abogaba por una literatura revolucionaria.

Así, cuando el marxismo impone su ideología a la creación artística —ya antes que Sartre los personalistas habían usado el término «engagement» (G. de Torre, 1971: II, p. 304)— encuentra ya preparada la técnica más conveniente para el caso: el objetivismo.

Los novelistas del neorrealismo italiano —de autores como Moravia, Pavese, Vittorini, Pratolini, etc., beberán en gran parte los nuestros de los años cincuenta— son los primeros en crear una novela objetiva, testimonial y comprometida, como denuncia del régimen fascista, alargándose por ello hasta los años posteriores a la Segunda Guerra Mundial; cuando ya el «compromiso» sartreano predomina sobre cualquier otra posición ideológica, convirtiendo la obra literaria en mero ensayo filosófico, envuelto en unos rasgos formalmente novelescos. Ocurre, sin embargo, que estos neorrealistas italianos no llegan nunca a fraguar una novela perfectamente conformada con las teorías de Lukács, pues, lejos de insertar al hombre en esa «totalidad» preconizada por el realismo crítico, suelen mostrar unos personajes novelescos demasiado reducidos a un ámbito determinado, como ocurrirá también con la mayoría de los novelistas españoles, a quienes se puede considerar como epígonos del realismo crítico, debido a la situación política de España, donde continúa una fuerte dictadura, cuando ya los restantes países europeos viven en un régimen democrático.

Aunque influyen los italianos y los norteamericanos, especialmente Dos Passos, Hemingway y Steinbeck, para Gil Casado:

> la novela social que escribe la generación del cincuentaicuatro (*sic*)
> se puede considerar como derivación y continuación de la que se creó
> en el nuevo romanticismo, es decir, en nuestra preguerra (1973: p. 138).

El término de «nuevo romanticismo» fue utilizado por José Díaz Fernández y lo emplea Gil Casado para aludir a nuestros novelistas por su actitud más intuitiva que intelectual, ya que sin conocer las teorías del realismo socialista

> plasman los anhelos del pueblo, la lucha de clases y el odio por los valores y modos de vida burgueses (*Idem,* p. 142).

Para caracterizar brevemente este realismo social señalaremos los rasgos siguientes: los personajes serán siempre obreros, campesinos y burgueses desocupados; su personalidad se nos «muestra» sin ninguna descripción «explicativa» (todo psicologismo ausente), de modo que el lector deberá identificarlos y caracterizarlos por su conducta —behaviorismo— y por su «habla», reproducida con tal exactitud que el autor deberá trabajar y estilizar la expresión hasta conseguir que parezca, sin serlo realmente, una grabación magnetofónica de conversaciones aisladas. En esta novelística del proletariado, el espacio queda reducido a los diferentes lugares de trabajo, o a ámbitos muy pequeños: el campo, las minas, una aldea, zanjas, etc. Aunque hay un personaje principal, no se le puede considerar estrictamente un «protagonista», ya que son el medio, los compañeros, las condiciones de vida y los problemas sociales los verdaderos protagonistas de estas novelas documentales, razón por la cual fácilmente se llega al «protagonista colectivo». Por la misma razón que se reduce el espacio, se reduce también el «tiempo», de forma que la acción se condensa en relación con las dos coordenadas espacio-temporales. En cuanto al relato, sin duda por la influencia del cine y de los novelistas norteamericanos, rompe —aunque no siempre— con la linealidad narrativa e incorpora el *flash-back* y la narración discontinua, disponiendo los hechos a base de breves secuencias, capaces de dar una clara idea de simultaneidad y de ese protagonismo colectivo que señalábamos. Por último habría que destacar la casi total despreocupación por la experimentación formal y por la belleza expresiva, en todos estos novelistas, lo cual, como habíamos indicado, forma parte de la «poética» de esta forma de novelar.

Junto a esta tendencia del realismo proletario, se desarrollará en España con bastante fuerza el realismo anti-burgués —recuérdense las novelas de García Hortelano— que, sin modificar las técnicas intentan mostrar y denunciar un mundo vacío, poblado de señoritos burgueses absolutamente inútiles y depravados, enmarcados en un «clima sofocante, de tedio y trivialidad» (Corrales Egea, 1971: p. 91), ahogados en el alcohol, en el vértigo de la velocidad, y animados «tan sólo por la avidez de vivir, casi se diría por la ansiedad de gastarse, de consumirse y ensordecerse» (*Idem,* p. 152).

Esta fórmula narrativa perduraría en España bastantes años más que en Italia o Francia, con unas características peculiares, pues se siguió haciendo por motivos políticos —no olvidemos que lo ideológico fue el motor de estas novelas, *informándolas* desde su misma génesis creadora— a la par que se enriquecían con unas técnicas objetivistas que desde años atrás venían propugnando en Francia los autores agrupados bajo la denominación común del «nouveau roman», ya desde los primeros años de la década de los 50 y aún antes, si se tienen en cuenta obras de Nathalie Sarraute.

Martínez Cachero, en el epígrafe titulado «Historia de un cansancio» (1980: pp. 230-42) resume así la evolución del realismo social:

> Fueron primero, las advertencias y, después, las reconvenciones y, por último, las negociaciones y las deserciones aunque, a veces, se adelanten o se atrasen o se mezclen en el tiempo (p. 232).

Exponiendo en breves palabras lo que condujo a la desaparición del realismo social, tendríamos —siguiendo a dicho crítico— las siguientes causas: la repetición de temas y asuntos; la ausencia de preocupaciones estéticas y lingüísticas por concebir la literatura como arma política y propagandística; el maniqueísmo intelectual de estos autores; el desprecio de la imaginación; y, finalmente, la propia evolución socioeconómica del país.

Cuando Martín Santos publica *Tiempo de Silencio* en 1962 el realismo social está acabado y comienza una nueva narrativa en España, que, sin perder totalmente su carácter de denuncia, va a ampliar las posibilidades estilísticas dando entrada a nuevas ideas estéticas y a experimentaciones formales obtenidas del «nouveau roman», el cual, aunque tardíamente, va a dar una nueva vida a nuestra novela, ya sea desde el nuevo «realismo dialéctico» que propugna Martín Santos, ya sea desde la mera experimentación formal, a donde dicho movimiento lleva irremisiblemente.

3º Objetivismo como «escuela de la mirada» o el *nouveau roman*

El «nouveau roman» lleva al extremo las técnicas objetivistas y supone el más alto escalón dentro de esta tendencia, pudiendo ser ya considerado por ello mismo, como novela experimental.

Introducido sin embargo entre la novela objetiva, conforme a la clasificación anterior, veamos en qué consiste el objetivismo de esta *escuela de la mirada,* que, si no obedece ya una determinada filosofía y a una ideología militante, sí responde no obstante a una concreta visión del mundo, hija del existencialismo, impregnada de escepticismo, de hastío y de desconfianza, ante una tierra poblada por seres inauténticos, que hablan, piensan y viven de forma mecánica, estereotipada y absurda. Curiosamente, sin embargo, al plasmar este modo de vivir sin oposición y sin discutirlo, los novelistas caen en una sorprendente paradoja: resultan «cómplices de un mundo con el que están en desacuerdo» (J. Bloch-Michel, 1967: p. 73). El novelista, pues, se limita ahora a dejar constancia objetiva de lo que ve, en la esperanza de resultar, así, una especie de revulsivo para el lector, que debería asombrarse de su propia estupidez, revolviéndose contra ese mundo deshumanizado y alienante en el que se encuentra inmerso e idiotizado por una cultura de masas manipulada, desrealizadora y falsa. Desde esta perspectiva, lo único seguro y firme son los objetos en su más fenomenológica presencia y ellos son quienes explican los personajes y el propio mundo en el que estos se desenvuelven; son los objetos quienes justifican y expresan en último término los sentimientos de sus poseedores, porque el mundo —en palabras de Robbe-Grillet, citadas por Ramón Buckley— «no es ni significativo ni absurdo; sencillamente 'es'» (Buckley, 1976: p. 285).

En un plano técnico, los autores que se engloban dentro del «nouveau roman» —no se trata exactamente de una escuela ni de un movimiento— tienen varios puntos en común: además de novelistas, críticos excelentes y teóricos de la literatura, sienten la necesidad de plasmar una realidad exenta de significación y, por tanto de interpretación. Todos concuerdan en conceder mayor protagonismo al lector, para que participe más activamente en la creación literaria. Coinciden, finalmente en la necesidad de una renovación formal de la novela.

Las consecuencias de estos puntos de vista ideológicos y teóricos van a ser numerosas respecto a la estética literaria. En una simple enumeración, que realizamos siguiendo a Jean Ricardou y sobre todo a J. Bloch-Michel, encontramos las siguientes características:

1) Se interesa por el arte de narrar en sí mismo, de modo que el relato se convierte en su propio objeto. Esto dará lugar a estructuras complejas, sumamente elaboradas y que en muchos casos obedecen a unos planteamientos simétricos, jugando con el relato a base de esquemas circulares, relaciones de encadenamiento y especulares, etc., todas ellas de problemático ensamblaje por tratarse de estructuras multiplicadas en constante cortocircuito (Ricardou, 1973: pp. 26-55), de especial influencia, todo ello, en nuestra novela experimental.

2) La ausencia de todo sentimiento expreso, en un mundo de hastío y de desesperación, les obliga a escribir casi siempre en presente de indica-

tivo, tiempo que no da lugar al pasado recordado y por ello «afectivo» positiva o negativamente. El presente es además el tiempo del relato cinematográfico que, para expresar el pasado, hubo de acudir al *flash-back*, si bien es éste un procedimiento que actualiza el recuerdo, al proyectarlo hacia el presente del personaje (J. Bloch-Michel, 1967 pp. 63 y 80). Así, es frecuente tal procedimiento en numerosos autores españoles. Véase, por ejemplo, *Off-side* de Torrente Ballester.

3) Influencia de la imagen, al adaptar a la novela las técnicas cinematográficas. La palabra, al igual que la imagen, debe mostrar los objetos como son, excluyendo la posibilidad de «interpretación», y no según las ve el escritor (*Idem,* pp. 97-108). Este recurso es afín a las técnicas behavioristas del realismo social. Véase, por ejemplo, *Tormenta de verano* de Juan García Hortelano.

4) En un mundo inauténtico, estereotipado y falso, los personajes no pueden manifestarse a través de sus palabras más que de la misma manera. Así, se da entrada a una «charlatanería» insulsa, a unas conversaciones llenas de modismos, faltos de sentido por su misma repetición y su consecuente falta de originalidad (*Idem,* pp. 24-5 y 66). Realismo social y también Cela, Ayerra.

5) Ruptura entre el lenguaje —sintaxis— y la razón (*Idem,* pp. 107-8), que acaba conduciendo al frecuente monólogo interior caótico, en nuestra novelística.

6) Hay una «fascinación» por la palabra misma, lo que conduce a una verborrea incesante y al soliloquio (*Idem,* pp. 129-35) dando entrada con cierta frecuencia al «tú» narrativo, ya sea en forma de interpelación, ya sea en forma de «autorreflexión». Véase, por ejemplo *Parábola del náufrago,* de Delibes o *San Camilo 1936,* de Cela.

7) Rechazo de los elementos considerados básicos en la novela tradicional, por lo que tienden a desaparecer la «historia» entendida como sucesión de anécdotas, el «personaje protagonista», y el narrador, que debe pasar inadvertido al lector (*Idem,* p. 21). Aspectos éstos, frecuentes en toda la novela experimental y el último de ellos, en la novela objetiva.

8) La novela será así una «descripción atenta, pero limitada» de lo que el novelista ve, prohibiéndose la aplicación de adjetivos antropomórficos a las cosas (no habrá más nubes «amenazantes» ni el sol volverá a ser «implacable», *Idem,* p. 22) con el fin de evitar todo sentimiento por parte del autor, que debe mantenerse al margen, con una mirada totalmente objetiva, técnica seguida por muchos autores. Recuérdese especialmente la fría y matemática descripción del calabozo que hace Pedro en *Tiempo de silencio.*

Pues bien, este «nouveau roman», en palabras de Robbe-Grillet, puede dividirse en tres períodos. El primero correspondería a los años cincuenta en que «los objetos eran los protagonistas» y se hablaba de una «escuela de la mirada». El segundo período corresponde a los años sesenta, en los que «se llevó el interés hacia lo fantástico, a partir, sobre todo del filme *El año pasado en Marienbad*». Un tercer período se produce entre 1965 y 1970: «es el propiamente revolucionario» y «a pesar del tiempo transcurrido, no ha sido admitido todavía» (G. Matamoro, 1983: p. 110).

Con el «nouveau roman» se cierra, pues, este largo trayecto recorrido por el «objetivismo», cuyo acabamiento expresa así Ramón Buckley:

> El punto final de la escuela «objetivista» es el momento en que el novelista deja de sentirse «testigo» de la realidad para convertirse, sobre todo, en «intérprete» de ella. Es el momento en que el autor acepta el mito como parte integrante de la realidad misma (1976: p. 288).

c) La novela vanguardista y experimental

Si la escuela objetivista y aún más concretamente el «nouveau roman» se oponían a la novela tradicional, también lo hace esta novela vanguardista, sin que se pueda negar tampoco este calificativo al citado «nouveau roman».

Sin entrar ahora en la vieja polémica sobre qué debe considerarse «artístico», si la innovación absoluta, personal y original, o si la superación inteligente, selectiva y renovadora de temas y formas anteriores, incluso tradicionales —nos inclinamos a calificar de «experimental» la primera posibilidad y de «renovadora-innovadora» por vía temática o formal, la segunda— vamos a analizar lo que supuso el *vanguardismo* entre los años 1915 y 1930, así como en la última década, para la novela española, con este criterio amplio que concede carácter vanguardista a todo arte que, mediante la innovación experimental o renovadora, acaba creando una obra o un conjunto de obras valioso y singular. No ignoro que este criterio, de alguna manera, convierte en vanguardista a todo autor —incluidos los «clásicos»— que ha ido superando lo precedente, ha marcado pautas o ha abierto nuevos caminos, llegando muchas veces a crear escuela y a ser modelo de escritores posteriores.

En España, el «vanguardismo» aparece en los años siguientes a la Primera Guerra Mundial y nuevamente, a finales de los sesenta, perdurando hasta nuestros días.

Como señala E. de Nora (1973: II, p. 96 en nota), Gómez de la Serna fue junto con Miró «el primer escritor español post-noventayochista que se desentiende por completo de los problemas nacionales, ideológicos, morales, político-sociales, etc.», y con él aparece en España el espíritu de la vanguardia que conducirá a poner lo «artístico» por encima de cualquier otra consideración, atendiendo a los aspectos lingüísticos y formales, como los únicos valores dignos de tenerse en cuenta. La belleza será el único «compromiso» para el artista. Abierto el camino, serán numerosos los escritores que transitarán por él: el mismo Gabriel Miró, si analizamos los rasgos de su narrativa, podría ser considerado experimentalista; o incluso un autor tan preocupado por lo *ético* como Pérez de Ayala no estaría muy lejos de la novela experimental. Recordemos, por ejemplo, lo indicado sobre *Belarmino y Apolonio*.

Toda la teoría sobre el arte vanguardista acabaría cristalizándose en el libro *La deshumanización del arte* (1925), de J. Ortega y Gasset, el cual expone y sintetiza así la poética de la vanguardia:

> Aunque sea imposible un arte puro, no hay duda alguna de que cabe una tendencia a la purificación del arte. Esta tendencia llevará a una eliminación progresiva de los elementos humanos, demasiado humanos, que dominaban en la producción romántica y naturalista. Y en este proceso se llegará a un punto en el que el contenido humano de la obra sea tan escaso que casi no se le vea [...] Será un arte para artistas y no para la masa de los hombres; será un arte de casta y no demótico [...] Si se analiza el nuevo estilo se hallan en él ciertas tendencias sumamente conexas entre sí. Tiende: 1.º, a la deshumanización del arte; 2.º, a evitar las formas vivas; 3.º a hacer que la obra de arte no sea sino obra de arte; 4.º, a considerar el arte como juego, y nada más; 5.º, a una esencial ironía; 6.º, a eludir toda falsedad, y, por tanto, a una escrupulosa realización. En fin, 7.º, el arte, según los artistas jóvenes, es una cosa sin trascendencia alguna (1966: III, pp. 359-60).

Ya veremos en otro apartado —ideología— cómo estos planteamientos fueron prontamente contestados. Por el momento, nos limitaremos a señalar el modo en que esta poética se reflejó —se había reflejado ya en la narrativa de autores como Benjamín Jarnés, Antonio Espina, Juan Chabás, Pedro Salinas, Rosa Chacel, el primer Francisco Ayala, etc—.

Ya en la novelística de Gómez de la Serna —*El doctor inverosímil,* por ejemplo, de 1914— asistimos a una descomposición global de los elementos que tradicionalmente requiere el género narrativo. La historia aparece incongruente, desconyuntada, a base de episodios yuxtapuestos sin cohesión formal, aparte del propio «doctor inverosímil».

1º Innovaciones de corte experimental

Esta tendencia hacia la destrucción del género según su concepción tradicional se acentúa en los restantes escritores citados. Sintéticamente enumeraremos las innovaciones de corte experimental introducidas por estos autores:

1) Desaparición del argumento y de la «historia» lógica y lineal, repleta de anécdotas, que debían responder siempre a una estricta causalidad de hechos, de caracteres o de ideas.

2) Libérrima disposición de los contenidos que, si bien quedan sometidos a una estructura fuertemente amarrada —aunque laberíntica—, no parecen conservar ninguna cohesión ni tampoco estar trabados por ninguna idea dominante.

3) Presencia de un mundo referencial creado por la propia novela, de tipo incongruente, absurdo y caótico, formado, a veces, a partir de temas insignificantes e intrascendentes.

4) Escasa acción, sin que ello redunde en una mayor introspección psicológica —hay excepciones— y sí, en cambio, en una sucesión de situaciones inverosímiles e incoherentes.

5) El «espacio» y el «tiempo» se desdoblan, se transmutan, se rompen a veces caprichosamente y se quedan finalmente desligados de los contenidos, al someterlos a múltiples juegos que aumentan el antirrealismo de esta novelística.

6) Un riguroso formalismo, que da coherencia al aparente desorden señalado anteriormente, preside el relato, articulando con solidez la arquitectura de sus elementos.

7) Se utiliza un lenguaje desrealizador, refinado, estetizante, con absoluto predominio de la imagen y de la metáfora, en busca siempre de la asociación más impensable, más sorprendente, y, a la vez, más brillante.

8) Utilización de técnicas y de juegos literarios muy complejos, difíciles de captar por un lector no especializado, lo que confiere a toda esta narrativa un carácter minoritario.

9) Predominio absoluto de lo intelectual y de la pureza formal, quedando ausente todo sentimentalismo y toda emoción humana.

Esta forma de narrar, que precede a la literatura «comprometida» y «humanizada», ya vista en páginas anteriores, tomará nuevamente vigor a finales de los sesenta, cuando ya ha perdido vigencia el realismo social, dando la novela uno de esos retornos característicos que suelen sucederse —aunque con mayor amplitud de años— a lo largo de la historia literaria.

A partir de 1965, Gonzalo Suárez, M. Delibes, C. J. Cela, J. Benet,

A. Fernández Molina y J. M. Guelbenzu abren la marcha —no olvidemos a posibles precursores como Martín Santos o J. Goytisolo— hacia un experimentalismo que tendrá numerosos seguidores durante toda la década posterior.

2º Procedimientos experimentales

Si en su conjunto esta novela experimental mantiene prácticamente los mismos rasgos señalados con anterioridad para las novelas de preguerra, ahora reaparece con una mayor complejidad, pues se ha enriquecido con diversos procedimientos aportados por los novelistas norteamericanos —especialmente Faulkner y Dos Passos—, por los novelistas del «nouveau roman» —en particular A. Robbe-Grillet y Butor—, y por los autores que darían lugar al auge espectacular de la novela sudamericana; Carlos Fuentes, Julio Cortázar, Juan Rulfo, Gabriel García Márquez, Guillermo Cabrera Infante, Mario Vargas Llosa, Alejo Carpentier, Bioy Casares, Miguel Angel Asturias, etc., (cf. *LCLE,* t. 25).

Entre estos procedimientos técnicos señalaremos los siguientes:

1) En los modos del relato: aparición del «tú» narrativo, empleo de un caótico monólogo interior, intercambio de los distintos estilos —directo, indirecto, indirecto libre— de la narración, con el aumento progresivo en el uso del estilo indirecto libre.

2) En la disposición de los contenidos: rechazo de la división por capítulos que se sustituyen por «secuencias» distribuidas, en apariencia, de forma caprichosa; destrucción del párrafo como unidad textual, dando lugar a inacabables «discursos» sin puntos y aparte o, por el contrario, a brevísimos «capítulos» de una sola letra o de una sola frase; disposición alternante o paralela de dos situaciones simultáneas, ya sea alternando líneas, ya sea alternando secuencias más o menos breves, con la técnica del «contrapunto»; presentación simultánea de las acciones y de los pensamientos de un personaje, mediante la disposición en columnas, o mediante el uso de paréntesis, o bien a través del cambio de *cursiva* a *versalita.* Se dan incluso estas alternativas sin que nada aparezca como marca o indicador. A veces, se dejan espacios en blanco; otras, los contenidos recuerdan el versículo, por su disposición tipográfica; otras, se disponen en mónadas recurrentes que, vistas en proximidad, parecen no tener conexión ni conceptos comunes.

3) En la estructura: la novela experimental rompe la estructura coordinativa de la novela tradicional, que había sustituido a las estructuras episódicas y yuxtapositivas de los primeros libros de relatos, con lo cual los

acontecimientos aparecen nuevamente aislados, aunque quedan sometidos a un riguroso esquema formal que les da una significación unitaria.
Existe superposición e intercambio de planos —recuérdese lo dicho a propósito del «nouveau roman»—, tanto en lo que corresponde al argumento
y a la anécdota, como al espacio y al tiempo, los cuales se ven especialmente sometidos a numerosos experimentos. En cuanto al narrador, desaparece, cambia, se transforma, con lo que la novela, al multiplicar el «punto
de vista», se enriquece y gana en perspectiva. Los personajes, a veces, pueden llegar a intercambiarse, resultan vagamente caracterizados y, en ocasiones, parecen dotados del don de la ubicuidad, rompiendo todas las imposiciones espacio-temporales; desaparece el *protagonista* típico y, pasando
por el protagonista colectivo, previa ruptura de toda jerarquización y distribución en personajes protagonistas-antagonistas de primero, segundo o
tercer rango, se llega a la disolución del personaje en cuanto tal. Los hechos que realizan son apenas significativos por la desaparición de la anécdota e, incluso, del argumento, de manera que tampoco aparecen unas
funciones coherentes en el relato. Todo, en fin, queda aparentemente dislocado, descoyuntado, creando un mundo incoherente que sólo un compli-
cado montaje del lector —mediante operaciones mentales de análisis, relación, interpretación y síntesis— permite llegar a comprender.

4) En los contenidos: asistimos a una desrealización total del mundo
referencial, dando entrada a significaciones simbólicas, desarrolladas a través de parábolas y alegorías por las que se intentan explicar unos conflic-
tos humanos y sociales, preexistentes siempre, pero apenas directamente
mencionados en el texto. Esta novela experimental no es ajena a las tribu-
laciones humanas, por lo que puede hablarse de un «desencanto» general
que conduce a una actitud existencialista y, otras veces, a una posición
contracultural. En ocasiones se realiza una introspección en el pasado personal, que sirve como excusa para revisar críticamente el pasado nacional,
más o menos próximo. Además, todo adquiere en algunas novelas un carácter «mágico» y «fantástico» por vía de la imaginación, llegando a hacer
verosímiles las más increíbles situaciones. Paralelamente, se asiste a un juego
de mitificaciones y desmitificaciones, a través de las cuales el novelista hunde
sus raíces sucesivamente en la historia, la leyenda y el mito, desde una concepción integradora de toda la realidad, ya sea material, imaginada o so-
ñada.

5) Por lo que concierne al lenguaje, es especialmente innovador y se
le presta una atención superlativa, pero no quiero insistir más en el tema
pues ya analizamos este aspecto en el apartado anterior.

En definitiva, pues, y como tantas veces se ha dicho, la novela experimental resulta extremadamente compleja y apunta hacia la destrucción del género novelístico, a la antinovela; como señala Rodríguez Almodóvar:

> evidentemente, cada uno de estos experimentos acaba con el «género» [...], de modo que el debatido tema de si la novela ha muerto o no ha muerto, tiene una respuesta bien sencilla: ha muerto el «género» novelístico (1976: p. 62).

B) *ORGANIZACIÓN Y TÓPICA*

> *Ahora bien, augurar la muerte de un género literario es todavía más azaroso que fijar con rigor su nacimiento. Además, los géneros literarios no mueren; se metamorfosean.*
> (G. de Torre, 1971: III, p. 141)

> *La novela, en su esencia, rechaza toda definición: es lo que el novelista quiere que sea.*
> (Palacio Valdés, Prólogo a *Los majos de Cádiz,* 1896)

a) *La novela como género literario*

Después de este recorrido por las distintas tendencias y por los diferentes procedimientos señalados concisamente, no resulta fácil definir la novela y caracterizar el género narrativo, en continua metamorfosis. No pueden sorprendernos, por tanto, algunas escépticas definiciones como las que apuntan C. J. Cela, Abel Chevalley o E.M. Forster. El primero opina:

> No sé, ni creo que sepa nadie lo que, de verdad, es la novela. Es posible que la única definición sensata que sobre este género pudiera darse fuera la de decir que novela es todo aquello que, editado en forma de libro, admite debajo del título, y entre paréntesis, la palabra *novela.*

Chevalley le define como «una ficción en prosa de cierta extensión», que, para Forster «no debería ser inferior a las 50.000 palabras».

Recogidas estas definiciones por Ynduráin (1976: p. 145) —otros las recogen también— este mismo autor ensaya una aproximación al género, sin arriesgar la definición y siguiendo unos criterios formales. En realidad, después de tantas y tan variadas obras novelescas, esto es lo único que se puede hacer como posible caracterización de la narrativa, de modo que similares elementos formales responderán a unos esquemas semejantes, capaces de acoger y de explicar tan distintas realizaciones particulares. Como señala Ynduráin, las clasificaciones recibidas crean más problemas de los que solucionan, por la mezcla de criterios formales, temáticos, expresivo, de «enfoque» (realismo, naturalismo, etc.), lo que ha dado lugar a una gran incoherencia (D. Ynduráin, 1976: p. 145).

Por tanto, reduciendo aún más la clasificación realizada en el apartado anterior —en cualquier caso no debe olvidarse que una determinada temática obliga muchas veces a adoptar un determinado «enfoque» y una determinada estructura, y viceversa— creo que el género podría dividirse en dos grandes grupos. Novelas *tradicionales* y novelas *experimentales,* realizadas con técnicas innovadoras que conducen a la «antinovela».

La definición más completa que hemos encontrado y que sirve para ambos tipos de novela, aunque parezca más cercana a la tradicional, es la de P. Palomo:

> Novela es una estructura narrativa desarrollada dinámicamente en unas libres e interrelacionadas coordenadas de tiempo y espacio, a través del enfoque perspectivista de un narrador-autor omnisciente, de un narrador-testigo o de un narrador-actor, sobre los resortes estructurales denominados trama o acción y personajes, mediante los vehículos comunicativos de narración, descripción y diálogo y que utiliza la prosa como forma expresiva habitual, a lo largo de su devenir histórico (1981: XVII, p. 61).

Por supuesto, en lo que se refiere a la novela vanguardista creo imposible encontrar una definición, pues cada obra por antonomasia es única en su propio experimentalismo y, por ello si una obra puede resultar modélica en relación con todo lo realizado por un autor, nunca podría ser representativa de una novelística experimental conjunta, al contrario de lo que ocurre con cualquier relato tradicional, que, al margen de sus contenidos, repite con escasas variaciones unos esquemas formales básicos.

Teniendo esto en cuenta es procedente destacar una serie de modelos, al margen de los procedimientos técnicos señalados anteriormente, que suelen darse con alguna frecuencia en la novela experimental.

Entre los principales modelos figura el de la estructura de superposiciones: sobre un texto cualquiera y sobre una regulación temporal se acopla una ficción que corresponde a un nuevo mundo referencial imaginativo. Así, podríamos señalar *Ulises* o *Finnegans Wake,* de James Joyce, como representantes básicos de este modelo estructural. El texto primitivo sirve como patrón al que se ajusta el nuevo relato en mayor o menor medida, de forma más o menos evidente, en una serie de «correspondencias» que reflejan respectivamente, en los casos citados, José María Valverde (1981: II, pp. 436-43) y Manuel Arturo Vargas (1972: pp. 96-7).

Dentro de esta estructura pueden verse dos variantes básicas: el relato de nueva invención se ajusta al antiguo sin llegar a ser un calco, o bien el nuevo relato va creándose al contrario del que le sirve de base, de modo que lo que en uno es punto de partida, en el otro es punto de llegada, y viceversa. En otras palabras, uno comienza donde termina el otro y desarrolla la historia al revés: en uno, los hechos provocan el desenlace; en otro, es el desenlace lo que justifica y explica los hechos y su origen. El tiempo queda sometido a un proceso de interferencias entre el pasado y el futuro, hasta descubrir el doble juego de ficciones dentro del mundo novelesco.

En otro sentido, la superposición puede afectar sólo al *tiempo* y al *personaje* —sin llegar a superponer dos patrones o esquemas previos— lo cual afecta también a la historia —al argumento, en términos generales— y, por supuesto, a los modos del relato. Hay así una disolución del «tiempo» novelesco, como ocurre en *La Saga-fuga de J.B.,* de Torrente Ballester, o se llega a un continuo vaivén temporal del pasado al presente y viceversa, como se ve, por ejemplo, en la *Autobiografía de Federico Sánchez,* de J. Semprún, novela en la que la realidad se convierte en ficción, en cuanto que se trata de un relato novelesco, superponiéndose ya de continuo ambos mundos.

Otro conjunto significativo de estructuras corresponde a las novelas redactadas sobre esquemas rigurosamente simétricos, tanto en el movimiento de los personajes, como en los hechos, el tiempo, el espacio y la misma disposición del texto en partes, capítulos y secuencias. El «nouveau roman» nos ofrece novelas significativas en relación con lo aquí indicado. Podríamos señalar, por ejemplo, *La modification,* de M. Butor; y *La Mise en Scène,* de Claude Ollier (cf. J. Ricardou, 1973: pp. 37-47).

Otro grupo importante de novelas es el formado por aquellas cuya estructura da especial relevancia a la construcción misma de la novela. Así, el autor *relata* los problemas de la creación novelesca y asistimos, una vez más, a una superposición de esquemas. Si antes los planos se entremezclaban de forma extrínseca a la narración, ahora, en esta estructura «especular» o de «mise en abyme», se entremezclan intrínsecamente, como en una profundidad de espejos múltiples. Es frecuente en estas obras que el autor «discuta» el relato y los procedimientos con sus personajes, de modo que la acción se bifurca y se multiplica en un continuo cortocircuito por el que los acontecimientos se anticipan, se condensan y se repiten de continuo, en este juego de espejos, invitando a una lectura múltiple. En la novela experimental es frecuentísima la estructura que acabamos de indicar, según ya pudimos ver en la primera parte, por la relación de autores que aplicaron tales esquemas a sus obras.

Por fin, otras novelas parecen gozarse simplemente en una completa ruptura con la novela tradicional, con sus técnicas y con los elementos típicos que la caracterizan. Se suele llegar así a una desrealización total, como ocurre por ejemplo en *Leit motiv* de José Leyva, o en *El Mercurio,* de J. M. Guelbenzu, o aún más en *Oficio de Tinieblas 5* de Cela. Esta destrucción del género en cuanto tal, se acompaña de numerosos procedimientos —algunos aparentemente superfluos— que ayudan a «acentuar el clima de irrealidad», como confiesa Delibes a Umbral, a propósito de la transcripción completa de los signos ortográficos de puntuación: «coma», «paréntesis», etc. (F. Umbral, 1970: p. 138).

Estos serían, pues, los principales modelos de la novela actual, aunque insistimos en que, precisamente por tratarse de una novela *experimental,* cada obra ofrece unas peculiaridades que, en rigor, obligarían al análisis particularizado de cada una de ellas, lo cual nos es imposible realizar. La variedad estructural interna de cada relato se acentúa todavía más, si consideramos que, en numerosos casos, son los procedimientos técnicos utilizados los que exigen, por sí mismos, una estructura determinada. Unas veces será la distribución por secuencias; otras, el encuadre temporal de los hechos narrados impondrá un esquema determinado; otras, la narración completa en «monólogo interior» exigirá también una determinada estructura, etc.

En definitiva, la novela experimental, como indicábamos antes, no parece ir construyéndose generativamente, como la tradicional. Ha pasado de ser un proceso a ser una arquitectura, sin que haya unos claros «núcleos generadores» (cf. J. M.ª Bardavío, 1976: pp. 291-304), ni tampoco ninguna forma de causalidad propiciatoria de un lógico encadenamiento de las unidades narrativas que forman el relato, sometiéndole a un ritmo narrativo concreto, según la disposición espacial y temporal de las secuencias, y según el «tiempo» interno del relato, que dependerá de la linealidad, las regresiones, interrupciones, alternancias, disertaciones más o menos oportunas, interpolaciones, etc. que, en último término, pueden llevar la novela a un caos aparente de, muchas veces, difícil organización, hasta el punto de que hay autores como Cortázar en *Rayuela,* o Torrente Ballester en *La Saga-fuga de J.B.,* que llegan a burlarse irónicamente de los mismos procedimientos experimentalistas utilizados.

b) Tópica

> La obra literaria está dotada de unidad cuando ha sido
> construida a partir del tema único que se va manifestando
> a lo largo de la misma. Por consiguiente, el proceso literario
> se organiza en torno a dos momentos importantes: la elección
> del tema y su elaboración.
> (B. Tomachevski, 1970: p. 199).

Estas modalidades novelescas, construidas mediante esquemas diversos y con la ayuda de técnicas muy diferenciadas, completan su estructura con una temática igualmente variada en la que predominan también algunos asuntos determinados, sobre los innumerables argumentos que ya antes de la guerra civil, hacían sospechar a Ortega el fin del género novelesco, por no creer que fuera posible la invención de nuevas «historias».

La temática del erotismo, ya desde finales del siglo pasado, ha sido una de las más tratadas a lo largo de nuestra época, salvo en los años dominados por el franquismo. Lo cierto es que, en numerosas ocasiones la novela erótica derivó hacia lo sentimental, con aire de folletín rosa y, otras muchas veces, en el mejor de los casos, acabó convirtiéndose en una novela levemente psicológica con personajes víctimas de sus propias pasiones, o de una sociedad hipócrita, decadente y podrida en su tradicionalismo religioso, dispuestos unas veces a *liberarse* y otras a hundirse lo más posible en la depravación, como un medio de protesta y de justificación de las conductas. Otras veces, aún, la novela erótica acabará en una intención moralizante y didáctica que se queda, casi siempre, en algo puramente exterior y ajeno a la estructura del relato, casi como justificación del autor por su acercamiento al tema.

Dentro de estas intenciones más o menos críticas, psicológicas moralizantes y, también, pornográficas, se encuentran los más variados asuntos. Cada novelista intenta buscar una situación «original», unas relaciones sexuales sorprendentes dentro de un lenguaje —como ya pudimos ver— que oscila entre el amaneramiento encubridor, incluso «cursi» en ocasiones, el reflejo «realista» y la expresión obscena que si no llega a ser pornográfica, en muchas ocasiones, es porque en el autor hay otra intención última como puede ser el análisis psicológico o el humor, según ocurre, por ejemplo, en *La tibia luz de la mañana* o *Los ratones colorados,* de Ramón Ayerra, en nuestros días, o de Felipe Trigo, Zamacois o Pedro Mata en el primer tercio del siglo.

Entre los «tópicos» de esta novelística encontramos asuntos, personajes y actitudes. Así, la autodestrucción por la lujuria, el simple deseo de apurar los placeres sexuales, la magnificación del sexo como único sentido de la existencia en un tono esencialmente vitalista, son temas expuestos a través de asuntos generalmente inaceptados por la moral tradicionalista como el incesto, la homosexualidad, el «voyeurismo», la prostitución o el sadismo sexual, las violaciones, etc., encarnados por personajes frívolos e hipócritas que, como es de ley en estos casos, se ocupan en depravar a los típicos jovencitos o jovencitas ingenuos que caen en sus perversas redes —no olvidemos el tono folletinesco de muchas de estas novelas—, consiguiéndolo con asombrosa facilidad, pues se trata de llegar lo antes posible a la descripción de las escenas y de las situaciones que se desean narrar.

La novela erótica como tal es inexistente durante el franquismo, lo que no quiere decir que no haya situaciones en muchas novelas editadas en esos años, capaces de sacudir a las mentes «bien pensantes». Recuérdense las numerosas novelas que sufrieron censura por esta causa y, en especial, las respuestas airadas de los críticos de la derecha —y no había otros— a través de la prensa diaria, tras la aparición de la novela *tremendista*, reconocida, no obstante, desde los círculos literarios, siempre más reducidos y con menor capacidad de difusión. Tras la muerte de Franco, renace la novela erótica y llega a crearse un premio literario —«La sonrisa vertical»— para esta temática, al que se han presentado autores reconocidos. (Así, *La bestia rosa*, de Umbral.)

Otra serie de novelas gira en torno al tema bélico. Habría que hacer en este caso una primera clasificación: las novelas que tratan de la Guerra Civil española —innumerables, inacabables y, por supuesto, con premio incorporado—; y las novelas que se ocupan de otras acciones bélicas, principalmente, la Primera Guerra Mundial, la extensa lucha de España contra Marruecos y, si nos remontamos al siglo XIX, también en los primeros decenios de nuestro siglo, se rememoran las guerras carlistas y otras acciones locales como la revolución de las cantonales en los breves años de la Primera República, asuntos que trata Sender en *Imán* o *Mr. Witt en el cantón*.

Un tema frecuentísimo en todas estas novelas bélicas es el de los «desastres» de la guerra, expuestos con toda su crueldad, desde la intransigencia ideológica o militarista de unos y de otros, según la «posición» del autor, en tonos más o menos panfletarios, exultantes, complacientes o críticos, sin que falte tampoco la visión desmitificadora y aún humorista, como ocurre por ejemplo, en la *Novela del Indio Tupinamba*, E. F. Granell, o en *Las guerras de nuestros antepasados* (1975), de M. Delibes —autor que ha tratado el tema desde otros puntos de vista—, la cual podría ser una obra significativa en este aspecto, por reunir en sí tres guerras: Cuba, Marruecos y

Guerra Civil. Como ya nos ocupamos de la novela bélica en la primera parte del libro, no insistiremos sobre el tema. En el primer tercio del siglo, dentro del tono humorístico antes referido, alcanzó gran difusión una novela de W. Fernández Flórez, *Los que no fuimos a la guerra,* de 1916, aunque se conociera mejor a partir de ediciones posteriores.

Y junto a esta novelística encontramos las obras que tocan el tema de las calamidades de postguerra. Casi tan numerosas como las anteriores —por encontrarse frecuentemente ligadas a ellas en trilogías, tetralogías, novelas «río» y demás— describen el abatimiento social, la miseria, y la ruindad de los vencedores sobre los vencidos, así como las numerosas lacras sociales que siguieron a la contienda, en una sociedad física y moralmente destruida. Si señalamos estas obras como pertenecientes a una temática diferenciada es, en parte, porque en ellas aparecen rasgos de novela existencial —no muy corriente en España— y sobre todo un tono de solapada denuncia, que convierte muchas de estas obras en ejemplos válidos de novela testimonial, con temas como la inadaptación, el sometimiento humillante o la frustración. En ellas se expresa el desarraigo y la angustia vital, a través de personajes oprimidos, de personajes trágicos que buscan una seguridad imposible y que se ven sometidos a vejaciones de todo tipo, y a experiencias degradantes y angustiosas, violentando a veces las propias convicciones para sobrevivir, generalmente bajo el clima poco conciliador de la ciudad y sus arrabales.

Esta temática, sin embargo, apenas se encuentra en la novelística española de los primeros treinta años, salvo en autores como Unamuno, Azorín, Baroja y, en menor medida, Pérez de Ayala, aunque con unos rasgos bastante diferenciados de los aquí expuestos, por predominar lo especulativo sobre la exposición directa de unas situaciones opresoras en todos los órdenes, como es propio de la novela existencial-testimonial de postguerra (cf. G. Roberts, 1973).

En estas novelas, oficinas, pequeños cafés, casas de citas, parques y calles desolados, pisos, buhardillas, fondas desvencijadas, pueblos silenciosos, aburridos y míseros; calles, plazas y locales de pequeñas ciudades maldicientes; suburbios y chabolas, acogen a unos personajes marginados, a los que, desde su ambiente y su situación indigente, se hace contrastar a menudo con orondos tipos, enriquecidos mediante la explotación o el extraperlo, presentados bajo actitudes hipócritas, ruines e insolidarias y protegidos de forma más o menos explícita por las «fuerzas vivas» —cuando ellos mismos no forman parte de dichas fuerzas—, las cuales sirven también en ocasiones, para exponer el tema del poder y todo lo que éste conlleva de ambición, de corrupciones y engaños. El tema del poder, con alguna frecuencia, se ha relacionado con una figura dictatorial, como, por ejemplo, ha hecho Francisco Ayala, Torrente Ballester, M. A. Asturias, etc., e incluso, el mismo Valle Inclán, tratado en otro volumen de esta colección (cf. *LCLE*, t. 17).

Ligadas también a la temática precedente, se encuentran las novelas que tratan la alienación dentro de un clima amargo, de incomunicación, que terminan en la soledad y en un deseo de evasión, casi siempre frustrado e inútil.

Y, por fin, otro de los grandes bloques temáticos de nuestra novela es el social, expuesto bajo distintos enfoques, según hemos ido viendo a lo largo de este libro. Los principales temas de esta novelística pueden reducirse a tres: la exposición cruda de las condiciones de vida del obrero y del campesinado, predominante en los novelistas del primer tercio del siglo; la denuncia social y comprometida, incitadora de las conciencias, bajo posiciones marxistas, coincidiendo con la novela social de preguerra y con el realismo social de los años cincuenta. Por último, la denuncia de la clase dominante y de la alta burguesía desocupada y explotadora, lo cual en el realismo social viene a coincidir con el agotamiento de dicha tendencia en España. Posteriormente, los temas sociales no se han abandonado, aunque sí se haya perdido en gran parte ese espíritu de denuncia que animó siempre a estos autores. Se ha acentuado, sin embargo, la crítica de determinados aspectos de la sociedad, llegando a la crónica negra.

Aparte de estos temas fundamentales que hemos señalado, hay otros también muy frecuentes en nuestro siglo, que indicaremos enumerativamente: los toros y su ambiente, con el típico contraste marcado por la gloria y el fracaso, por la ambición y la frustración, por la riqueza y la miseria; el caciquismo rural, con sus presiones y sus odios; la incultura y la brutalidad de las gentes, hundidos en la miseria material y moral; la emigración interior y exterior, poniendo de manifiesto las condiciones que obligaron a marchar, así como la dureza del país o de la ciudad receptora, con los problemas de inadaptación y de soledad, unidas a frecuentes humillaciones; el terrorismo, expuesto desde los más diversos tonos, ya sea condenando, ya aprobando y justificando, ya sea en tonos burlescos e irónicos sin dejar por ello de ofrecer una visión corrosiva de épocas y de situaciones, a partir de algún personaje relevante y de existencia real; por último, señalemos la creación de mundos míticos y la introspección en el pasado personal.

2. CONTEXTO SOCIAL E IDEOLOGÍA

2.1. Transmisión de la obra

En este apartado, tendremos en cuenta diversos fenómenos que condicionan la obra literaria en cuanto objeto de consumo; es decir, en cuanto producto ya elaborado y objeto de compra-venta, que se transmite a través de los canales que posibilitan la relación entre un autor y sus lectores, debiendo analizar otros factores sociales que pueden considerarse adjuntos al hecho literario, dentro de una crítica microsociológica, que ha sido desarrollada sobre todo por Escarpit y su escuela.

No poca importancia han tenido las nuevas técnicas impresoras en el siglo XX, en particular tras la invención de la prensa mecánica, de la máquina de componer, de la fotomecánica por aplicación de la fotoquímica —ya en el siglo XIX—, la aparición del huecograbado y el «offset», junto a las nuevas técnicas para la impresión en colores, o la aplicación de la electrónica en relación con el sistema de fotograbado y de fotocomposición.

Lo verdaderamente significativo para nosotros es que todo esto ha permitido un desarrollo espectacular del libro y su masiva industrialización, proceso que ya se inició en el siglo XVIII y que fue en creciente auge durante el XIX. De esta forma, el libro deja de ser un objeto de lujo al alcance de unos pocos para convertirse en un producto de consumo mayoritario. Pero, al mismo tiempo, tomará enorme importancia la figura del editor —aparecido ya en el XVIII— como elemento básico de relación entre los autores y sus posibles lectores. Es preciso indicar que la actividad editorial no requiere, en principio, unos grandes medios de producción, ya que la función del editor sin industria propia, es ponerse en contacto con determinadas imprentas, arriesgando así una cantidad monetaria que, de otra forma, habría de correr a cargo del autor, el cual en muy pocas ocasiones podría pagar una gran tirada. La venta precisamente de grandes tiradas es lo que permite al editor obtener unos beneficios que nunca son elevados, pues la diferencia entre el coste inicial del producto y del coste final para el lector —si se quiere evitar un encarecimiento excesivo— acaba disolviéndose en gran parte entre los porcentajes del autor, los porcentajes de las empresas distribuidoras que actúan como intermediarias mayoristas entre la editorial y la librería, y los del librero que, finalmente, pone el producto a la venta.

En los primeros años del siglo XX, numerosos editores trabajan en Madrid y Barcelona —donde acaban concentrándose más del 75 por 100 de las editoriales— ocupándose, entre otras actividades, de editar a nuestros clásicos, a los autores consagrados del siglo XIX —muchos vivos aún— y a los noventayochistas, como éxitos seguros. Mayor dificultad tienen los nuevos novelistas y los autores de vanguardia para editar, pero, en cuanto se hacen con un «nombre», ya les resulta más fácil y a las empresas editoriales más remunerativo (F. Cendán Pazós, 1972).

En la difusión literaria es preciso mencionar a editores y libreros —o ambas cosas— que agilizaron la vida cultural del país en las primeras décadas del siglo. Destacaron ya desde los primeros decenios la editorial Hernando con librería propia en la calle Arenal; la editorial Espasa-Calpe —fusión de Calpe e Hijos de J. Espasa— que creó La Casa del Libro (1923), en Gran Vía; la editorial Calleja; la editorial Afrodisio Aguado; la editorial Mundo Latino; la editorial Cenit, fundada por Rafael Giménez Siles, especializada en publicaciones de «vanguardia»; la editorial Aguilar, conocida especialmente por sus ediciones de obras completas en papel biblia y encuadernación lujosa; la editorial Biblioteca Renacimiento (1910) más tarde Biblioteca Nueva (1917), fundada y dirigida por José Ruiz-Castillo Franco, que, aparte de obras clásicas y decimonónicas, publicaría a numerosos autores noveles; sin olvidar tampoco nombres relevantes como Gustavo Gili, Santiago Salvat, Ramón Sopena, José Zendrera (Editorial Juventud), etc. Especial relevancia tuvo en la publicación de autores del momento —a pesar de las escasas ventas, con excepción de los humoristas— la editorial Biblioteca Renacimiento y de la Biblioteca Nueva, según cuenta José Ruiz-Castillo, mejorando además la presentación de los volúmenes, pues entonces (hacia 1900-1915), «las publicaciones tipográficamente adolecían, en general, de mala presentación» (J. Ruiz-Castillo Basala, 1972: p. 92).

Librerías famosas eran entonces: la Casa del Libro, Hernando, San Martín —cuyos escaparates vieron el asesinato de José Canalejas—; Pueyo, cuya imprenta estaba en la calle de La Luna; Librería Ruiz, Librería Reus, de la Editorial Reus; Rubiños, Fernando Fe, Romo, Francisco Beltrán, Esteban Dossat, la librería Nacional, Extranjera, etc. (Ruiz-Castillo Basala, 1972: pp. 86-93).

Esta actividad comercial y cultural en torno al libro se vería casi suprimida durante la Guerra Civil. Al término de la contienda, los problemas para la difusión de la literatura se verían agravados por distintas causas, en principio extraliterarias: la escasez de papel —se le consideraba materia prima de interés militar, durante el conflicto mundial, y todos los barcos que cruzaban el Atlántico debían someterse a inspecciones en alta mar por parte de la Armada Británica (Ruiz-Castillo, 1972, p. 128)—, la pobreza económica que afectaba tanto a los lectores por su escasísima capacidad adquisitiva, como a los medios de producción, deteriorados y anticuados por la imposibilidad de renovarlos a causa, primero, de la Guerra Mundial y, después, del bloqueo político. En lo concerniente a la literatura y a la libre expresión de las ideas, venían a agravar la situación los dicterios ideológicos de los vencedores y su inevitable compañera, la censura, de quien nos ocuparemos más adelante.

En esta situación van rehaciéndose algunas de las citadas editoriales, viéndose la desaparición de muchas y la aparición de otras recientes, de nuevo signo, como Ediciones Españolas o Editora Nacional que en 1941 sustituyó a Ediciones «Jerarquía». Junto a estas editoras «oficiales» encontramos casi todas las citadas anteriormente en Madrid, y aparte de las ya nombradas en Barcelona, otras editoriales como Luis Miracle, Luis de Caralt, Apolo, Tartessos, Olimpo, Yunque y otras más recientes como La Gacela, o Destino. Esta última se especializaría en autores españoles, lo que resulta especialmente destacable, pues, en estos primeros años de postguerra la publicación de autores noveles era poco habitual debido a que los editores, en tales circunstancias, preferían —declara Vicente Díaz, secretario del I.N.L.E.— «utilizar sus menguadas existencias en autores consagrados, reediciones de éxito, etc.», según recuerda Martínez Cachero (1980: p. 81), que ofrece en su libro sustanciosas noticias sobre la actividad editorial de estos años (pp. 74-84).

No es, pues, de extrañar que se realizara una inmensa labor traductora de autores permitidos, por supuesto —casi nunca de primera fila—, que aseguraban bastante el negocio editorial. En esta actividad destacaron, con diferentes criterios, diversas editoriales entre las que cabe mencionar a Tartessos, Gili, Fax, Mateu, Miracle, Calleja y, sobre todo, la Editorial Janés, de José Janés —que años más tarde fusionaría con Plaza—, y sus competidores tardíos como Caralt y Lara dando lugar a la traducción de autores como André Maurois, Pearl S. Buck, Luis Broomfield, Knut Hamsum, Lajos Zilahy, Sommerset Maugham, Cecil Roberts, Clemence Dane o Maurice Baring, el autor «de más amplia audiencia» en aquella época, según opiniones que recoge Martínez Cachero (1980: pp. 76-7).

Cuando en España se traducían estos autores, en otros países, por los mismos años, se publicaba a Camus, Sartre, Miller, Brecht, Beckett, Malraux, Wright, Bellow, Huxley, Kafka, etc., los cuales, sin editar o apenas publicados, no daban esa visión «luminosa» de la vida que el régimen buscaba, pero representaban la verdadera calidad del momento, capaces de poner «al lector español en contacto con una realidad histórica y cultural que desconocía» (V. Bozal, 1969: p. 89).

Son, pues, los autores traducidos, en su mayoría, menos significativos que los que se tradujeron en el primer tercio del siglo, con nombres como Luigi Pirandello, Guillermo Apollinaire, Gabriele D'Annunzio, André Gide, el conde de Lautréamont, James Joyce —«cuya traducción de *El artista adolescente* firmó Dámaso Alonso con el seudónimo de *Alfonso Donado*»— Leon Tolstoi, Fedor Dostoievski, Nietzsche, Björson, etc. (J. Castillo, 1972: pp. 33-4). Puede afirmarse que en aquellas décadas se tradujeron por primera vez al castellano numerosos autores extranjeros de primerísima fila, por unos traductores que eran también creadores importantes, como Enrique Díez-Canedo, Julio Gómez de la Serna, Benjamín Jarnés, Rafael Cansinos Asséns, Dámaso Alonso, Pedro Salinas, Manuel Azaña, etc.

Volviendo, pues, a la postguerra es preciso indicar que, dada la enorme cantidad de traducciones —sobre todo de lengua inglesa—, se creó un problema de carácter político e ideológico. La Vicesecretaría de Educación Popular se ocupó del caso exigiendo con criterio restrictivo, una «impecable ortodoxia» que haría disminuir el número de traducciones (V. Bozal, 1969: pp. 86-7).

No es arriesgado afirmar, pues, que tras la guerra —por los motivos económicos y políticos apuntados— los editores ceden su espíritu cultural al espíritu comercial, buscando más los intereses económicos que los culturales.

No obstante, con el paso de los años, varias editoriales van a ir centrándose en la transmisión del texto literario: Plaza y Janés, Destino, Bruguera, etc., con numerosas colecciones, y otras como Magisterio Español con su colección «Novelas y cuentos», fundada ya en 1929; o las actividades de Alianza Editorial —aparecida en febrero de 1966—, Planeta y Seix-Barral. Estas dos últimas, además, han marcado siempre una determinada estética, unida a una ideología y a una visión del mundo muy característica de ambas editoriales, de ahí la sorpresa que produjo la reunión que convocaron José Manuel Lara y Carlos Barral el 16 de octubre de 1972 para llevar a cabo un lanzamiento conjunto de autores «novísimos» y de novelas a lo largo de varios meses (Martínez Cachero, 1980, pp. 275-89).

Unidos también a las diferentes editoriales, encontramos los distintos «Premios» de narrativa, que luego multiplicarían Ayuntamientos, entidades privadas, Cajas de Ahorro, etc. Si en las décadas anteriores a la guerra civil eran prácticamente inexistentes y sólo se valoraban los premios nacionales y los «Fastenrath» de la Academia —recordemos que se dan cada cinco años, al ser rotativo entre cinco géneros literarios—, pasados los primeros años de la postguerra, los premios van a multiplicarse y van a servir de puente entre los lectores —desorientados respecto a la crítica literaria suelen adquirir los premios, confiando en la «valoración» de los jurados y en el prestigio de la dotación económica—, los autores, que ven así la posibilidad de editar sus obras, ganando una cantidad monetaria más o menos elevada, amén de un cierto prestigio si el premio en cuestión lo aporta; y, finalmente, los editores que, gracias a ellos, consiguen una difusión masiva de la obra premiada. Los premios literarios son, pues, sobre todo, un mecanismo comercial por el que todos ganan, excepto, en ocasiones, el lector.

Para Isaac Montero, en términos generales, los premios reflejan una total dependencia de los editores a la dictadura, pues sólo aceptando esta dependencia conseguían mantenerse en el mercado, aunque para ello hubieran de engañar y confundir a los lectores, alabando las inexistentes virtudes de cualquier novela premiada, mediante campañas publicitarias que convierten la literatura en «herramienta del totalitarismo cultural» (I. Montero, 1969: p. 79).

Aunque los premios provocaron una «calma chicha» ideológica (*Idem:* p. 73), y fueron motivo de numerosos males para la narrativa, impidiendo unas veces la renovación de técnicas literarias, discriminando otras a unos autores en favor de otros falsos valores, creando una errónea ilusión de excelencia novelesca, etc., lo cierto es que durante muchos años han sido acicate de creación y en bastantes casos han dado a conocer valores realmente importantes, como ha ocurrido con la mayoría de los autores que han logrado el «Nadal», el desaparecido premio «Biblioteca Breve», el premio «Alfaguara», o el «Premio de la Crítica» que —al fallarse al margen de intereses editoriales (hay otras intrigas)— es orientativo y deseado por los escritores. El conocido «Premio Planeta», aunque ha dado a conocer al gran público a autores de importancia, siempre se ha ajustado más a unos criterios comerciales, premiando a veces libros de escasísima calidad. A pesar de todos estos inconvenientes, en cualquier caso, han acercado la narrativa a los lectores, han popularizado a diversos autores, han dinamizado la vida cultural, han permitido el movimiento editorial y, lo más importante, han hecho leer a los españoles, lo cual no es tarea fácil, máxime si tenemos en cuenta la escasa cultura general del país. Por todo ello resulta ineludible historiar en parte la evolución de estos premios principales.

En la década de 1940 y 1950 surgen dos premios fundados por José Janés para autores noveles —el «Internacional de Primera Novela» (1947 a 1951) y el de «Joven Literatura» en 1952—, aunque de mayor importancia fue la creación del «Nadal», fundado por la editorial Destino en memoria de Eugenio Nadal, fallecido en 1944, redactor-jefe del semanario *Destino*. Desde su primera convocatoria suscitó gran interés y muchos otros premios nacieron del éxito del «Nadal».

En 1949 se crearía el «Miguel de Cervantes» para el género de la novela, que vendría a sustituir a los otorgados rotatoriamente «Francisco Franco» y «José Antonio Primo de Rivera». Ya en la década de los cincuenta aparecen bastantes premios —algunos de corta duración— como el «Don Quijote», el «Fémina», el «Menorca» y el de la «Fundación March». El más importante de estos años fue el nacimiento del «Planeta», convocado por primera vez en 1952 con 40.000 ptas. —famoso por ser siempre el de mayor dotación y por los escándalos surgidos a partir del fallo de ciertas convocatorias (1958, por ejemplo)— y el premio «Biblioteca Breve», de Seix-Barral, importante por sus criterios de selección en cuanto que estimulaba las innovaciones técnicas y formales. Luis Goytisolo-Gay, con *Las afueras,* fue el primer ganador de dicho premio, que ya sin dotación económica desde 1968, sólo se mantendría hasta 1974, año en que también desaparece el premio «Alfaguara», convocado en 1965 por primera vez, con una dotación de 200.000 ptas. En fin, son numerosísimos los premios de novela creados en las décadas del sesenta y del setenta. Una enumeración de los que —aunque fuera sólo por unos años— lograron cierta importancia, ocuparía ya media página. Aparte de los citados hasta ahora y sin contar los de novela breve y cuento, estos serían los más destacables: Bullón, «Ciudad de Murcia», «Ciudad de Palma», «Ciudad de Oviedo», «Ateneo de Sevilla» —también de editorial Planeta, creado en 1969—, «Villa de Madrid», «Café Colón», de Almería; «Barral» —creado tras la ruptura comercial y familiar de la editorial Seix y Barral—, «Vicente Blasco Ibáñez», «Gabriel Miró», «Novelas y Cuentos», etc. No pocos de estos premios han merecido la atención particularizada de algún estudioso, especialmente, José López Martínez y Carlos de Arce.

Ahora bien, si había elementos positivos, compañera de nuestra novelística fue durante muchos años la censura, la cual, de un modo u otro ha existido siempre en nuestro país. Cuando el Gobierno y la Administración de un país se ocupan directamente de «orientar» o dirigir la política cultural nos encontramos con el caso más flagrante de «censura», que es lo ocurrido en España, tanto en los años del general Primo de Rivera, como en los largos años de la dictadura franquista, en lo que concierne al siglo XX.

El modo más efectivo de controlar la publicación de obras —literarias o no— es la «censura previa», que es la que existió durante años en España hasta la posterior modificación (1962), por la cual dicha censura previa se hizo voluntaria, coexistiendo con una censura posterior a la edición de los libros, gracias al sistema de «depósito previo» (1966), por el que la Administración, en el plazo de tiempo que hay entre el depósito del ejemplar y su puesta en venta, puede disponer el secuestro de la edición y autorizar o no su circulación. Paralelamente, la Administración ha ejercido una forma más sutil de censura, a través de las dificultades o facilidades de edición y exportación a determinadas editoriales, concesión o denegación de ayudas de forma discriminada, la promoción o relegamiento interesado de unos autores frente a otros, etc.

En España, la libertad de expresión, muy recortada por la Ley de Imprenta de 1857, mantuvo un cierto equilibrio tras la restauración de la monarquía; más tarde desapareció prácticamente con Primo de Rivera, volvió a existir libertad de imprenta con la Segunda República y quedó totalmente suprimida con la dictadura de Franco.

No obstante, ya en 1944 quedaron eximidas de censura previa las obras de carácter litúrgico y los textos latinos usados por la Iglesia, la literatura española anterior a 1800, las obras exclusivamente musicales o con letra anteriores a 1900, y, finalmente, las de carácter técnico y científico, según B.O.E. de 7 de abril de 1944.

Junto a la «censura» de la cultura interior, existían otros medios para controlar la exterior: el Servicio de Inspectores de Traducción, creado en 1942; y normas rígidas a los editores para la concesión de papel y también de divisas para el pago de derechos a autores extranjeros (V. Bozal, 1969, p. 86).

Durante el franquismo, la censura se utilizó tanto para salvaguardar una posible oposición política —inexistente de hecho— como para proteger todo lo relacionado con la ortodoxia religiosa, la moral católica y las buenas costumbres; razón por la cual en un inicio existía una doble censura, la oficial y la religiosa ejercida por las autoridades eclesiásticas, tan dura o más que la realizada por las autoridades civiles, no siendo infrecuente el caso de que éstas permitieran obras que aquellas prohibían.

Así, entre unos y otros, tan sólo en 1943 se prohiben ya cuatro novelas: *La quinta soledad,* de Pedro de Lorenzo; la segunda edición —influencia eclesiástica— de *La familia de Pascual Duarte,* de C.J. Cela; *Javier Mariño,* de G. Torrente Ballester y *La fiel infantería* de Rafael García Serrano. La primera por una desconocida delación; las tres siguientes, por «inmorales»; la última de ellas, en concreto, por consejo del Arzobispo de Toledo, que en un «decreto» la consideró «lujuriosa», «indecorosa», «obscena», expresiva de una religión rutinaria, un tanto «escéptica» y «volteriana», etc. El autor reconoció luego, cristiana y humildemente, sus «errores».

También *La Colmena,* presentada en 1946, hubiera pasado la censura oficial —informe de Leopoldo Panero— pero no pudo con el emitido por el P. Andrés de Lucas. Estos y otros sustanciosos datos ofrece J. M.ª Martínez Cachero (1980: pp. 94-107). La década comprendida entre 1966 y 1976 es estudiada en particular por Georgina Cisquella y otros en la obra *Diez años de represión cultural. La censura de libros durante la ley de Prensa (1966-1976)*, de 1977.

La repercusión de la censura fue múltiple en la creación literaria, pues condicionaba a los autores desde el momento mismo de la creación, les imponía una autocensura que los llevaba a un lenguaje plagado de expresiones a medias, en un decir sin decir. Coartó efectivamente las posibilidades expresivas de los novelistas, dramaturgos y poetas —hay quienes se honran de haber sido los primeros en «colar» tal o cual palabra—; desorientaba continuamente a los autores al no existir unos criterios definidos hasta el punto de que muchas veces la admisión de una obra dependía del censor que debía informar sobre la misma, limitando las posibilidades interpretativas. En el peor de los casos, la censura llegaba a impedir la edición de la obra literaria (M. Abellán, 1976: p. 3).

Junto a este fenómeno, tan peculiar dentro del contexto europeo para nuestra literatura, es preciso dejar constancia de la inexistencia de una crítica literaria de calidad en nuestro país, por lo menos hasta los años sesenta; sin olvidar que también la crítica quedaba mediatizada por la censura oficial y por las posturas ideológicas. De hecho, si en España no ha habido una teoría de la novela —salvo, acaso, con Castellet, Goytisolo y más tarde, con Benet, a partir de los sesenta— es, nos parece, por causa de la primacía de los aspectos ideológicos sobre los estéticos y por concebir la literatura como arma política, con lo cual hemos asistido durante muchos años a una extremada valoración de los contenidos en detrimento de la expresión y de la técnica. La crítica literaria, por el mismo motivo, ha dado especial interés a lo conceptual, olvidando muchas veces lo formal y así hemos podido ver una crítica simbólica y una crítica «de interpretación» que falseaba extremadamente la valoración de la obra literaria y la misma función de la crítica, dando especial relieve a los argumentos de las obras. Un autor resultaba valioso por su «ideología» y no por su creación estética (W. M. Sherzer, 1982: pp. 33-5).

Crítica literaria, pues, en sentido estricto no existió y la que se hizo fue sobre todo desde periódicos y revistas, algunas de importancia, pero que nacían ya «viciadas». Sería injusto, sin embargo, no mencionar la callada labor de muchos y muy buenos críticos, que desde el final de la guerra, se «encerraron» en las bibliotecas y en las universidades, realizando una crítica de «laboratorio», de elevada información y de metodología científica, pero que acabó cayendo en el historicismo y la erudición, en completa «desconexión con la realidad», sin que se ocuparan tampoco especialmente de la novela, salvo alguna excepción (Equipo Editorial de Comunicación, 1970: pp. 31-7). Sólo a partir de 1960, comienza a realizarse una crítica y una teoría de la novela que, aun manteniendo una gran influencia ideológica, era ya coherente y entroncaba a la perfección con las teorías del realismo social, que supo recoger de nuevo, años más tarde, los elementos estéticos anteriormente desdeñados, prestando una inusitada atención a la forma y al lenguaje. Se asiste, entonces, a un fenómeno que sólo sociológicamente puede explicarse: la proliferación de ensayos, de trabajos y de estudios que tenían como tema la novela española de postguerra, con un olvido total —salvo la siempre discutida novela noventayochista— de los narradores anteriores a la guerra.

En lo que concierne a dichas publicaciones solventes, vemos como, frente a la década de los cuarenta en la que se publicaban sólo uno o dos trabajos por año, ya en 1961 se elevaban a diez; en 1968, catorce; y en 1971, veintidós —siete artículos y quince volúmenes—; para comenzar a decaer este apogeo a partir de 1977, de modo que en 1978 sólo aparecen ya tres trabajos (Martínez Cachero, 1980: pp. 373-6, donde ofrece estos datos, referidos sólo a estudios generales sobre la novela, con doscientas treinta y cinco fichas comentadas).

Por último, no fue de poca importancia para la difusión de la novelística española y de la cultura en general, la aparición de tres fenómenos peculiares de nuestro siglo: las «ediciones de bolsillo», ciertos nuevos métodos de venta —a comisión por las casas, ferias, «círculos de lectores», fascículos, venta por correspondencia, a plazos, etc.—; y, por supuesto, la mayor cultura del país, al menos en lo que se refiere a la paulatina desaparición del analfabetismo, lo cual, en teoría, aumenta el número de lectores, debiendo entender, a juzgar por las tiradas de algunos libros —propulsados por la televisión o por los premios literarios—, que también se da en la práctica (Blanco Aguinaga y otros, 1979: III, pp. 78 y ss.).

Dentro de estos fenómenos extraliterarios, tuvo en su día especial relevancia la publicación de colecciones populares que, aunque fueron muy criticadas en aquel momento por el «conservadurismo», la trivialidad o la ñoñería de los temas seleccionados, tuvieron un altísimo número de ventas, especialmente la colección Salvat-RTV (25 ptas.), lanzada con profusión publicitaria a través de todos los medios y especialmente, Televisión Española. También en los años setenta aparecieron colecciones como las editadas por Libra (19 ptas.), Editora Nacional-Planeta-RTVE, una nueva de Salvat, o más tarde, y de mayor importancia para la difusión de la novela de nuestro tiempo, la de Bruguera en 1979 a 100 ptas. Recientemente, en 1983, Seix Barral ha iniciado una nueva colección de bolsillo, con la inevitable campaña televisiva, a 250 ptas. En este orden de cosas, es de justicia mencionar las primeras ediciones que a imitación de los *paperbacks* americanos o los *Penguin Books* hechos por los ingleses en 1935, aparecieron en España (A. Amorós, 1971: pp. 219-29). En las primeras décadas existieron varias colecciones que, sin responder exactamente al concepto que hoy se tiene por «edición de bolsillo», resultaban extremadamente baratas y alcanzaban unas increíbles cifras de ventas. Así, por ejemplo, tuvo enorme éxito la colección iniciada con la revista «El Cuento Semanal», fundada en 1907 por Eduardo Zamacois, de modo que: «de algunos de sus números se hicieron varias ediciones y alcanzaron tiradas de 100.000 ejemplares». A imitación de dicha revista surgió casi otro centenar, llegando a editarse «entre todas más de 10.000 novelas cortas» (F. C. Sáinz de Robles, 1967: VI, p. 451).

También en los años de preguerra existió una colección de Espasa-Calpe, la «Colección Universal» al precio de 50 ctms., que desaparecería más tarde, siendo sustituida por la conocida colección «Austral», fundada por Ortega y Gasset en Buenos Aires, en 1936, con un precio muy económico. En 1939, comenzó a salir en Sevilla «La Novela del Sábado», por Ediciones Españolas, al precio de una peseta, que tras desaparecer, volvería a editar la editorial Tecnos en 1953, al precio de seis pesetas, en volúmenes de 64 páginas. Pero antes, en 1949 se editan «La Novela Breve» y «La Novela Corta» al precio de una peseta, que surge con la intención de proseguir la publicación del mismo nombre que estuvo saliendo entre 1916 y 1925, bajo la dirección de José de Urquía. En la postguerra, en este sentido, sería injusto no mencionar como tales colecciones de bolsillo los libros de Plaza y Janés, en sus distintas colecciones, debiendo recordar igualmente la labor realizada por Bruguera en este sentido. En 1952, nace la serie «Novelistas de hoy», a cinco pesetas y después, ya en 1965, se publica la serie «La Novela Popular, Contemporánea, Inédita Española», bajo la dirección de Jorge Cela Trulock (Martínez Cachero, 1980: pp. 29-35). Finalmente, surgirá en 1966 «Alianza Editorial», típica colección de bolsillo que pronto conseguirá un gran prestigio y varios «best-seller», publicando también a diversos novelistas del siglo XX.

Por último, no quiero dejar de señalar la importancia que para la difusión del libro y en concreto de la novela —siempre el género más vendido— tuvo y sigue teniendo la manifestación anual del Día del Libro y de la Feria Nacional del Libro.

Ahora bien, toda esta labor llevada a cabo por las editoriales y propulsada gracias a premios, ediciones de bolsillo, colecciones populares, ferias, críticas, etc., queda subordinada, sin embargo, a los intereses culturales e ideológicos de quienes —desde la Administración o la empresa privada— manejan los medios editoriales y en definitiva, como afirma Escarpit, es la «estructura política» la que, en su origen, orienta la producción y el consumo, pues

> son (los libros literarios) actos e ideales voluntarios que indican que determinadas personas, escritores o lectores, necesitan determinado tipo de comunicación (R. Escarpit, 1968: p. 91).

Finalmente, si todos los factores citados hasta aquí, en tanto que condicionantes de la transmisión de la obra literaria, pueden ser considerados generalmente positivos, con excepción de la censura, no queremos dejar de tratar un aspecto que influye ampliamente en las relaciones entre un autor y su público. El siglo XX ha visto continuar la costumbre decimonónica de las tertulias literarias, que si durante muchos años han constituido círculos cerrados, ya desde hace tiempo se han ido transformando en sesiones literarias, abiertas al público lector en las que éste puede escuchar una presentación o breve conferencia sobre el escritor y su obra, oir después una lectura de la última publicación o, incluso, de una producción inédita, en boca del autor mismo y participar, por último, en un coloquio en el que cualquier lector puede intercambiar opiniones con el creador de la obra, todo lo cual era mucho menos frecuente o casi imposible, para el lector, por las dificultades de comunicación. La mayoría de estas sesiones terminan en cualquier cafetería o bar —fijo o no—, recobrando entonces el carácter privado de las antiguas tertulias, ya que, por lo general, asisten sólo los escritores o críticos habituales, a pesar de su carácter abierto. Son muchas las sesiones actuales de este tipo, aunque no tengan entre el público el renombre que alcanzaron en su momento tertulias como la de «Pombo», presidida por Ramón Gómez de la Serna, o la tertulia del café «La Granja del Henar», presidida por Valle-Inclán, donde también, durante algún tiempo, se celebró la de Ortega y Gasset.

Al margen ya de todos estos factores, hemos de señalar de qué forma la sociedad influye en la novela al uso, hasta llegar a condicionar la creación literaria, sin que por ello sea preciso creer en que la sociología, por sí sola, pueda explicar el fenómeno literario. Sí puede, en cambio, explicar tres aspectos: la *génesis* de la novela, la *función* de la novela y la *significación* sociológica (Juan Ignacio Ferreras, 1976; p. 413), pero estos aspectos se salen del enunciado de este primer apartado. Sólo de forma parcial y sin unos métodos realmente sociológicos, trataremos de responder estas cuestiones en el siguiente apartado, intentando exponer las relaciones entre concepción del mundo, sociedad y forma novelística.

2.2. Elementos ideológicos (Concepción del mundo)

Si tomamos como punto de partida el inicio del siglo XX, encontramos un mundo desorientado, en situación de cuestionar no sólo sus valores o sus mitos, sino, incluso, su propia existencia. En España es aún más grave la situación, pues no solamente ha visto intensificadas en relación con otros países las tensiones ideológicas —particularmente de carácter político y religioso, como muestran las numerosas novelas de tesis, las guerras carlistas y los enfrentamientos de base religiosa —en el XIX—, sino que, además, entra en el siglo con un desarrollo cultural y económico muy inferior al de los restantes países de su órbita y, por si fuera poco, con el acicate y la deshonra, a la vez, de la guerra contra Estados Unidos y sus últimas colonias en América, con la consiguiente pérdida de las mismas. Es, pues, una sociedad enormemente lastrada e, incluso, castigada en sus aspiraciones y enfrentada en cuanto a sus mitos y creencias. Que las guerras de Cuba y de Filipinas dejan un amargo regusto parece incuestionable, si consideramos las numerosas novelas que tratan el tema en los primeros años; y lo mismo sucede en relación con los intelectuales y los ideólogos hispanos, que van a intentar un cambio total en la orientación del país. Por este motivo, el «regeneracionismo» decimonónico permanecerá en España como una postura indiscutida hasta entrado el siglo XX. Por supuesto, con matices. Unos vendrán de parte de los noventayochistas, otros, por la acción intelectual y educativa del krausismo y de la Institución Libre de Enseñanza. El grupo novecentista recogerá todas estas preocupaciones, aportando ideas nuevas y, finalmente, tampoco serán ajenas a este programa los numerosos movimientos sociopolíticos, aunque lo expresen más con la práctica revolucionaria que con manifiestos teóricos. Y me refiero con ello al auge de los enfrentamientos sociales provocado por la creciente fuerza del socialismo y del anarquismo.

No olvidemos, como datos significativos, que es precisamente en estos finales de siglo y comienzos del XX, cuando se crea una clase burguesa dirigente rápidamente enriquecida, primero en Cataluña y más tarde en Euzkadi, sobre todo a partir de 1910, con el empobrecimiento paralelo del proletariado obrero y campesino.

Junto a ello hemos de considerar la situación general del pueblo en cuanto a sus condiciones de vida: dependencia completa de los «amos» o «señores» en el campo con una vergonzante distribución de la propiedad de las tierras, agravada por unas rentas bajísimas; las durísimas condiciones de trabajo —el descanso dominical y la jornada de ocho horas no se decretarían hasta los primeros lustros del siglo por presión de los partidos socialistas obreros— y la cada vez mayor carestía de la vida, sobre todo durante los años de la Primera Guerra Mundial que enriquece a unos pocos y empobrece a los más, ahondando las diferencias sociales (Vicens Vives, 1972: pp. 714-6); el escaso nivel cultural del país, con un 66,55% de analfabetos en 1900; «la falta de conciencia social en unas clases dirigentes que se resisten a dar cabida al movimiento obrero en los cuadros políticos y sociales de la Nación» (Jover, 1967: p. 801); una situación de pobreza generalizada; la angustia provocada por la interminable y sangrienta guerra con Marruecos, etc.

Esta situación justifica una revalorización de las ideologías marxistas, que alcanzarán su mayor fuerza a partir del triunfo de la Revolución en Rusia, en 1917, así como, en el terreno práctico, un continuo crecimiento de huelgas, violencia, represiones sangrientas y, sobre todo, numerosos atentados de carácter anarquista que van en aumento desde 1919 hasta 1923, con un extraño desfase respecto a la presión social, ya que en 1920 se producen cien atentados y se cuentan 240.000 huelguistas, mientras que en 1923, antes de la Dictadura, se producen más de 825 atentados y, por el contrario, hay sólo 50.000 huelguistas (J. Vicens Vives, 1972: p. 726).

En 1923, se instaura la Dictadura de Primo de Rivera, durante la cual los intelectuales mostraron desde el primer momento una nítida oposición al general y al régimen monárquico por su colaboracionismo, de forma que algunos de los novecentistas —Marañón, Ortega, Pérez de Ayala— crearían en 1930 el grupo «Al Servicio de la República». Conocida es también la oposición de Valle-Inclán, el destierro de Unamuno, el encarcelamiento de los componentes de la junta del Ateneo de Madrid, la renuncia a sus cátedras de los profesores Ortega y Gasset, Sánchez Román, Jiménez Azúa, Fernando de los Ríos, etc., por el Estatuto Universitario del 19 de marzo de 1928, que concedía privilegios a las universidades privadas de Deusto y de El Escorial, etc.

En este primer tercio del siglo encontramos también unos enfrentamientos de carácter religioso, que venían sucediéndose ya desde el siglo XIX, pero que van a encontrar en estos años su más alto grado de confrontación. La moral burguesa, con el fin de legitimarse, hacía suyos los valores de la moral cristiana, aunque falseándolos y despojándolos de lo que tenían de pureza inicial. Esta asimilación favorecía una interpretación errónea ante los ojos de la clase obrera, que los identificaba y mostraba su irritación contra ambos, sin distinciones.

A partir de la descripción hegeliana de la «conciencia desgraciada» y de los principios filosóficos de Kierkegaard se dará origen a una filosofía existencialista, basada en una visión angustiosa de la vida. que se representa como algo contradictorio y absurdo. Junto a esto, las lapidarias consideraciones de Nietzsche, de enorme influencia en todo el pensamiento español de primeros de siglo, determinarían una clara visión de enfrentamiento con la moral tradicional.

Desde estos supuestos históricos, sociales y morales es más fácil comprender la crisis total a la que se enfrenta el mundo al comienzo del siglo XX, crisis a la que tampoco es ajena la evolución científica que acaba por romper la confianza decimonónica en el progreso ininterrumpido y en la seguridad positivista, al encontrar la física —ciencia que se alzaba sobre las restantes por su cientificismo materialista— unas indeterminaciones imposibles de explicar, lo que origina un claro desconcierto en relación con el mundo decimonónico que parecía totalmente estable y coherente.

Esta crisis de la razón, de las ciencias y de la moral tradicional cristiana y burguesa, avalada por acontecimientos —quizá su efecto— como la Guerra del 14 y la Revolución rusa en 1917, tendrá clarísimas repercusiones en la literatura vanguardista —audacia, irreverencia, supervaloración del inconsciente, búsqueda de la «totalidad», desprecio de la lógica, deshumanización, etc. —como vemos en Gómez de la Serna, los novelistas del «Nova novorum» y el Ultraismo—, y en el enfrentamiento social que, por supuesto, se manifestará también literalmente a través de una novelística que intenta sostener los valores tradicionales —Miró, Ricardo León, Concha Espina, etc.—; de una novela que pone en cuestión esa misma moral e intenta su sustitución, como es el caso de Ramón Pérez de Ayala; y, finalmente, en una novela que —como ocurre en los novelistas sociales de los años treinta— desea reflejar ya el enfrentamiento entre las clases dominantes y las clases proletarias, dando entrada a las ideologías marxistas y adoptando, según ya pudimos ver, unas posiciones muy próximas al «compromiso», que años más tarde sistematizaría y divulgaría J. P. Sartre.

En cuanto a la abundancia de la novela erótica en aquellos años, es preciso indicar que respondía, sin duda, a las apetencias de un determinado público lector, y que fue posible por la permisividad en cuanto a la libre expresión y a los beneficios que procuraban tanto a los editores, como a los autores. Ahora bien, en el fondo de esa novela erótica —y esto se ve muy bien en un autor como Felipe Trigo subyace también un deseo de oposición a la moral cristiana, en un intento de recuperar el aspecto físico del amor, tan hipócritamente ocultado por la burguesía, de cuyas concepciones sexuales se burlará también Pérez de Ayala en las novelas de *Urbano y Simona* o *Tigre Juan*. Pero, además, en los novelistas eróticos, subyace, consciente o inconscientemente, un deseo de sustituir unos comportamientos por otros, exponiendo en sus obras una moral sexual, que chocaba con la tradicional. La novela erótica suponía un ataque a una moral basada en la familia burguesa, y en la idea de que todo lo relacionado con el sexo era motivo de lujuria, siendo el amor «la cosa prohibida por excelencia» (A. Hauser, 1969: III, p. 225).

Ese mismo deseo de transformación del mundo recibido es el que subyace en las manifestaciones del arte vanguardista, literario o no, y por supuesto en la novela social. En el primero, por vía de rompimiento con todas las ideas recibidas, ya sean de orden ético o estético; y en el segundo por la exposición cruda de una realidad ominosa para el proletariado, que las clases dominantes y la burguesía se empeñan en ignorar. Ambas formas expresivas son recibidas por dichas clases dominantes como una provocación que pone al desnudo sus debilidades, sus limitaciones, sus errores o su insolidaridad. Puede afirmarse que toda la estética del siglo XX, de un modo u otro, es en términos generales la expresión cambiante y matizada de un mundo al que se desea transformar, o bien por el simple desacuerdo, o bien por la negación nihilista, o bien por el compromiso ideológico de orden marxista, estando siempre latente un deseo de libertad absoluta en todos los órdenes, que la derecha conservadora y los poderes fácticos temen y niegan.

En el orden vanguardista, pues, surgen muy pronto los numerosos «ismos» que responden más a una concepción del mundo diferente a la anterior —inaceptable para ellos— que a una ideología marxista, si bien es cierto que paulatinamente van acogiéndola, como ocurre con el surrealismo. Sería esta una literatura «molesta» para los burgueses e «inútil» para el proletariado, que nunca llegó a entenderla. Pero dejando a un lado este último aspecto, recordemos que también la novela realista del XIX —novela hoy llamada burguesa— molestaba a las clases dominantes debido a su exposición fría del mundo y era calificada por la misma burguesía como inmoral, subversiva y revolucionaria, apreciación en la que no se ha insistido demasiado y que considero importante. El género novelesco que nos ocupa ha chocado siempre —desde la picaresca— con los intereses de la clase dominante.

Vistas así las cosas, no resulta tan nuevo el rechazo de la burguesía a la literatura del primer tercio de nuestro siglo, dominada por el afán de renovación y de transformación. Al menos para los atónitos ojos de los burgueses, a los vanguardistas les inspiraba el mismo espíritu que animaba a los movimientos obreros. De ahí su asombro, primero, su rechazo después y, por último, su burlesca incomprensión.

Sin embargo, en sus manifestaciones más visibles, el vanguardismo del primer tercio de siglo, era un movimiento esencialmente vitalista y estético, bastante despreocupado de las cuestiones ideológicas, hasta el punto de que ha podido considerarse todo experimentalismo vanguardista como un arte burgués, que respondía externamente, al menos, a una postura lúdica y, por tanto, evasiva. Y tampoco podemos olvidar que Ortega señalaba como peculiar del arte «deshumanizado», su gratuidad y su intrascendencia.

Como señaló ya G. de Torre, la efervescencia vanguardista, hasta 1930, consideró lo político y lo social como un «territorio voluntariamente vedado», por lo que permanecieron siempre ceñidos a lo literario. Y añade: «lo asombroso [...] sobrevino poco después cuando esa dedicación empezó a ser motejada de egoísmo, indiferentismo, deserción, por no citar otros nombres más despectivos» (1971: II, p. 292).

En efecto, ante las cada vez mayores tensiones sociales y políticas, se produjo la aparición del «compromiso» y la consecuente acusación al «arte por el arte» y a la literatura «deshumanizada», de desinterés por los problemas humanos. Pero estos escritores no tardarán en reaccionar y pronto organizan su defensa ante dichos ataques. Los mismos poetas del 27, impelidos por «las circunstancias», muy pronto abandonarían su teórico «intelectualismo deshumanizado». Andrew P. Debicki, refiriéndose a la «poesía pura» —y ello es aplicable a la novela de un Jarnés, un Salinas, una Rosa Chacel, etc.— insiste muchas veces en que esa poesía no

> representa un abandono de interés en los valores humanos, sino más
> bien un ansia de penetrar hacia lo más fundamental del hombre y
> de trascender lo trivial del mundo que le rodea (A.P. Debicki, 1968:
> p. 249)

mediante un intento de «captar los valores esenciales del mundo que laten por debajo de todas sus formas» (*Idem:* p. 213), «evitando un formalismo estéril y también un sociologismo intrascendente» (*Idem:* p. 29), lo cual «pudiera bien ser el elemento clave de todo este grupo» (*Idem:* p. 29).

Cuando se desecha el «formalismo» se hace desde la misma base ideológica que cuando se protesta ante la deshumanización del «arte puro», exigiéndose el «compromiso». Cuando después, en los años treinta y a finales de los sesenta en España, se abandona el carácter testimonial y «comprometido» del arte, buscando entonces de nuevo una literatura innovadora en sus técnicas y en su expresión, se está haciendo también desde otros postulados ideológicos.

La ideología, pues, parece marcar el vaivén de las Teorías literarias y de las realizaciones artísticas en nuestro siglo, correspondiéndose con una determinada epistemología, de forma que la realidad social no se «describe» tal cual es —cosa quizá imposible—, sino que se «analiza» e «interpreta» según cree que es o según cree conocerla cada grupo, conforme a un «a priori» ideológico.

La literatura y, en concreto, la novelística realizada durante la Guerra Civil ejemplifica con claridad lo que acabamos de señalar. Hay unos datos históricos —mejor conocidos después de la contienda que en el momento de su realización o en los años inmediatos— contados en la novelística conforme a la ideología del autor o, en el mejor de los casos, de acuerdo con la observación directa obtenida desde la «zona» en que actuó. En estas condiciones —mediando ideología, pasiones, sentimientos y una visión parcial de los hechos— es comprensible la aparición de una literatura panfletaria, por parte de ambos bandos, como es igualmente comprensible que ante novelas como *Las fieras rojas*, de José Muñoz San Román, o *Checas de Madrid*, de Tomás Borrás los grupos que lucharon con Franco se sientan dolorosamente regocijados al «comprobar» la maldad de los republicanos, mientras que es también comprensible que éstos califiquen dichas obras de «pornografía política», viendo en sus autores una especial malevolencia. Y exactamente ocurría a la inversa.

Terminada la Guerra Civil y consolidada la dictadura fueron precisamente los intelectuales los primeros en exponer, aunque fuese desde el ámbito literario, el desaliento y la protesta ante la situación. Desaparecida la novela social de preguerra con sus ribetes de «compromiso» y no siendo posible una abierta oposición al régimen, surge una narrativa de carácter «tremendista» y una poesía «desarraigada» con dos libros como *La familia de Pascual Duarte* e *Hijos de la ira*, en los que reaparece una cierta concepción existencialista de la vida y una intención testimonial.

En ninguna otra obra del momento aparece tan claro como en éstas el sentir del hombre que vive desalentado, sólo, desasido, en un mundo hostil e inestable, obligado a sobrevivir entre la miseria, la crueldad, la injusticia y la ausencia de horizontes. Es en este clima en el que se va a desarrollar la principal novelística de los años cuarenta, con la protesta de las mentes conservadoras, que repudian esa visión negativa y angustiosa, pues desde sus estrechas convicciones cristianas no pueden aceptar un mundo intrascendente ni abandonado por Dios, ni una humanidad antiteísta, desesperanzada, «desorientada», y, por tanto, abocada a un sufrimiento inexplicable, sin «recompensas» espirituales. Frente a esta actitud, el cristianismo más vivo del momento propone una búsqueda esforzada de Dios, mediante la relación humana y el compromiso personal por una sociedad más justa, capaz de superar la angustia y la desesperanza, sin caer en el individualismo ni en el colectivismo. Sin embargo, esta forma de vivir la religión está todavía muy alejada del sentir español comunitario y será preciso dejar pasar casi dos décadas para que comience a olvidarse un catolicismo dogmático, egoísta, incapaz de acoger cualquier forma de disidencia personal y claramente colaboracionista con la dictadura. De ahí que en España no exista una auténtica novela católica al modo de la que hay en otros países, en el siglo veinte, propugnando «la defensa de la dignidad y la libertad básica del hombre frente a toda clase de coacciones y de totalitarismos» (A. Amorós, 1971: p. 172). Quizá por este motivo afirma Gil Casado que «la novela que se denomina *católica* es únicamente social en el fondo» (P. Gil Casado, 1973: p. 23). Por el contrario, el católico español se limita a condenar cualquier posición heterodoxa, llegando incluso al fanatismo irracional, que también se da en algunos novelistas, como por ejemplo en Ricardo León, con su novela *Cristo en los infiernos* (1943).

Así las cosas, el «tremendismo» resulta rechazado y condenado por su visión del mundo y por el lenguaje que adopta, sin que el grupo católico y conservador sepa dar una respuesta intelectualmente digna, siquiera en el plano estético.

Años más tarde, esta visión desolada comenzará a adquirir claros matices políticos con el resurgimiento del «compromiso», según J. P. Sartre, y la asimilación que del mismo hicieron los novelistas españoles que, con el inicio de los años cincuenta, van a desarrollar nuevamente la novela social. Las condiciones reales del país, expuestas anteriormente, ofrecen campo abonado para esta novelística que, realizada desde bases ideológicas de carácter marxista —fruto más de la intuición que del conocimiento directo de los textos teóricos por parte de nuestros escritores— llenará toda la década y parte de la siguiente, con un olvido de los valores estéticos, considerados inútiles para los fines que se intentaban conseguir. Surge así el «realismo social», que trata de dar una explicación totalizadora de la realidad mediante una estética marxista coincidente con las teorías políticas de Marx y Engels y con las teorías crítico-literarias de G. Lukács.

Desde esta visión del arte y de la historia, y teniendo en cuenta que España responde a una dictadura y a un modo de producción capitalista, se justifica perfectamente el surgimiento de una novela «documental», protagonizada siempre por personajes del proletariado, por ser quienes mejor pueden mostrar todas las «contradicciones» de tal sociedad. Y vistas así las cosas resulta igualmente explicable la abundancia de relatos dominados por la amargura, la miseria, la dureza cruel de las condiciones de vida para el pueblo, el desaliento, la ausencia de libertades, la insensibilidad social junto al aburrimiento y la despreocupación de las clases dominantes —léase en este caso a García Hortelano—, o por último, la falta de finales felices, tan censurada por los lectores de una novela tradicional a quienes tal práctica les resulta incómoda o, cuando menos, extraña.

Al quedar plenamente identificadas la estética y la ideología en esta concepción marxista del mundo, asistimos en estos años a una proliferación de declaraciones estético-ideológicas, en las que el segundo de los factores se destaca con especial relevancia, dando lugar a una «poética» que relega los valores estéticos a un segundo plano. J. M.ª Martínez Cachero recoge bastantes muestras en su libro (1980: pp. 157-8 y 168-71) altamente significativas de lo que venimos diciendo, en boca de los Goytisolo, de García Hortelano, de Ana M.ª Matute, de Caballero Bonald, de Castellet, etc. De cualquier modo y por muy criticado que haya sido después no sólo el «realismo social» como forma de expresión, sino las numerosas retracciones de antiguos cultivadores, no puede dejar de valorarse en su justa medida esta concepción estética —absolutamente necesaria y casi obligada en su momento— en cuanto que representaba la unión de las formas novelescas con una clara conciencia de los problemas del país. En nuestra opinión, pues, nunca la literatura estuvo tan ligada con las exigencias de su tiempo, desde una determinada concepción —la cual puede gustar o no— como lo estuvo durante estos años. Y esto puede mermar, como de hecho ocurrió, la vitalidad creadora, la invención, la fantasía, la imaginación, la renovación técnica, la investigación en la retórica aplicada al lenguaje narrativo, etc., pero no justifica las calificaciones despectivas que sus cultivadores han recibido después.

En España, comienza la crítica al realismo social coincidiendo con la llegada de los «tecnócratas» y el despegue económico que se inicia también tímidamente en la década de los sesenta —a partir sobre todo del Plan de Desarrollo aprobado en diciembre de 1963—. Si atendemos a los hechos económicos vemos que poco a poco se van alterando los porcentajes de dedicación industrial y agraria —estos últimos especialmente elevados— mediante la creación de «polos de desarrollo» en zonas de tradición campesina; se busca una mayor igualdad en la riqueza regional, se intenta elevar —consiguiéndolo— la «renta per capita» aun manteniendo amplísimas desigualdades; se busca una situación de pleno empleo —regulando para ello el movimiento migratorio, tanto interior como exterior— y, finalmente, se pone en marcha un amplio programa de captación turística. La conjunción de todas estas medidas y previsiones, unido a la estabilidad y al crecimiento económico mundial así como a los propios planes de enseñanza —con repetidas campañas para eliminar el analfabetismo— permitió un rápido desarrollo que se mantendría, con ligeras variaciones, hasta la gran crisis de 1974, cuyas consecuencias aún vivimos.

Una sociedad nueva comienza a surgir, pues, con los años sesenta, con un deseo de libertades compañeras del «seiscientos» —símbolo, al parecer, de nuestro desarrollo económico— por las que se exige una serie de reclamaciones políticas y sociales apenas expresadas ya por una novelística aséptica a fuerza de «objetivismo» y casi desliteraturizada por la renuncia expresa a la estética y a las innovaciones lingüísticas. Curiosamente, cuando desde todos los ángulos se vivifica la contestación al régimen en el plano real, es también cuando se da la espalda a ese «realismo social» que, si antes había resultado inútil como arma política, ahora resultaba además innecesario y sobre todo inadecuado, pues la exigencia de «objetivismo» impedía tomar partido al autor, coartando la expresión de su propia concepción del mundo. Explicar, por otra parte, por qué es literariamente tan mala toda esta narrativa —con alguna excepción— es otro tema.

Surge así una novela como *Tiempo de Silencio,* en la que, sin ocultar nada de lo que las anteriores denunciaban, se da opción al autor a entrar de nuevo en el texto, dejando clara constancia de su posición ideológica. Rápidamente la novelística avanza por estos derroteros —Juan Marsé, Juan Goytisolo, Miguel Delibes, por citar sólo a unos pocos— y la denuncia se hace entonces con un lenguaje más libre menos encorsetado por la pertenencia de los personajes a determinadas clases y oficios, y, también, más literaturizado, gracias al empleo de nuevas técnicas, cuya aplicación —imitando tardíamente el «nouveau roman»— darán lugar al inicio de una novela experimental que se irá alejando poco a poco de toda intencionalidad política, para defender «el arte por el arte» —Juan Benet, por ejemplo— y dando lugar, con frecuencia, a novelas totalmente artificiosas, escritas para minorías, y tan vanguardistas como burguesas, recibiendo, salvo excepciones, el rechazo del público lector que ni las entiende ni encuentra en ellas su propia realidad vital, al quedar estas obras desligadas de cualquier experiencia común, todo lo cual, sin embargo, no empaña su valor estético, muy superior al conseguido por el «realismo social». Pero ahora estamos con un enfoque extraliterario.

Los intereses sociales que originan el auge de esta novela experimental de los años setenta son difíciles de determinar, pues todo resulta paradójico, en cuanto nos acercamos a analizar desde esta perspectiva la novela actual de vanguardia. ¿Qué ideología la mueve y qué concepción del mundo hay detrás de ella? Estas serían las preguntas que debemos responder.

Al hacerlo, vemos que los autores experimentalistas se manifiestan antiburgueses e identifican la revolución estética de la vanguardia con la vanguardia política y social. Sin embargo, en la mayoría de los casos encontramos unas construcciones frías, formalistas e, incluso, bellas; pero de difícil comprensión —cargadas muchas veces de significaciones simbólicas— y de difícil lectura que, además, se escriben desde posiciones elitistas para una minoría intelectual, capaz por su formación de entrar en el juego «dilettante» de la estética pura. Que la novela, en tanto que hecho literario, sale beneficiada, parece innegable, pero en cambio ha alejado a los lectores si juzgamos por el número de ejemplares editados: entre dos mil y tres mil que casi nunca llegan a venderse, lo cual contrasta con las ventas de otros autores que, aun habiendo recogido las nuevas técnicas y el nuevo y enriquecido lenguaje, mantienen elementos tan del gusto del lector como son el interés de la «historia» —por la intriga argumental—, y un personaje protagonista con el que identificarse. Ideológicamente no se ha renunciado a nada, pero junto al cansancio de una estética irrelevante, apareció también una especie de cansancio vital, de desaliento y de renuncia a la lucha, entre los intelectuales y entre los jóvenes.

Ciertas actitudes de los años setenta —absoluto desencanto, «pasotismo», despreocupación, desentendimiento de los problemas, expresiones regocijantes y burlescas, manifestación de comportamientos extraños a los ritos de las anteriores generaciones, etc.— han llegado también a la novela, molestando a los sectores conservadores de siempre. Estas actitudes son, sin embargo, minoritarias en la sociedad actual que, hace ya muchos años, ha dejado atrás la tensa convivencia que produjo la postguerra.

La novela experimental, pues, salvo excepciones, con sus mundos escasamente referenciales y con su ausencia de significaciones, recoge este desinterés por los problemas de la sociedad, se olvida de la lucha política y expresa, en su absoluta dedicación a la «estética», ese mismo desencanto y «pasotismo» que, con otras formas de expresión, se producen en la sociedad, a otros niveles.

La aparición del experimentalismo, que en su día llegó a producir una polémica tan dura como la establecida entre Isaac Montero y Juan Benet (cf. *Cuadernos para el Diálogo*, 1970: pp. 65-76) —por extensión, entre los defensores del realismo social y los defensores de una nueva estética y de una literatura que fuera, sobre todo, eso, «Literatura»—, supuso en realidad, la aparición de otra sociedad y con ella de otras concepciones ideológicas, que no veían ya en el «compromiso» la única postura aceptable para el artista. Y tampoco hay nada nuevo en estos asuntos. Lo mismo ocurrió ya en los años veinte; y si damos un sentido amplio a los conceptos de literatura comprometida y literatura pura, podríamos ir remontándonos en la polémica hasta los inicios de nuestra historia literaria.

III
COMENTARIO DE TEXTOS

TEXTO 1

Fragmento de *Belarmino y Apolonio,* de Ramón Pérez de Ayala
(Cap. V, «El filósofo y el dramaturgo»)
(Insuficiencia expresiva y creación lingüística)

Trabajaba con intervalos: los ratos de trabajo, cada vez más leves,
y los intervalos, cada vez más largos. En estos intervalos leía, apo-
yando el libro sobre la horma de hierro, y tomaba notas en el cuader-
nito de hule. Su lectura favorita era el diccionario de la lengua. En
ocasiones meditaba, ajenado de la realidad externa, siguiendo con los
ojos formas sólo visibles para él, que cruzaban por el aire. Leía a su
modo, conforme a un método original. El diccionario, en su opinión,
era epítome del universo, prontuario sucinto de todas las cosas terre-
nales y celestiales, clave con que descifrar los más insospechados enig-
mas. La cuestión era penetrar esa clave secreta, desarrollar ese prontuario, abarcar de una ojeada ese epítome. En el diccionario está todo, porque están todas las palabras; luego están todas las cosas, porque la cosa y la palabra es uno mismo; nacen las cosas cuando nacen
las palabras, sin palabras no hay cosas, o si las hay, es como si no
las hubiese, porque la cosa no existe por sí ni para otras cosas —por
ejemplo, una mesa no sabe que existe, ni la mesa existe para una silla, porque la silla no sabe de la existencia de la mesa—, sino que
existe solamente para un *Inteleto* que la conoce, y en cuanto que la
conoce, le da un nombre, le pone una palabra. Conocer es crear, y
crear conocer. Todo lo anterior es un fragmento de las especulacio-
nes belarminianas. ¡Lo que hace la prolongada actitud sedentaria y
el ocio discursivo!... Los filósofos son hombres en cuclillas, incluso
el peripato, que, si explicaba paseando, encuclillado edificó su sistema. Prosigue. Dedúcese que si el diccionario es todo aquello que hemos dicho, diccionario vale tanto como cosmos. Belarmino, en virtud de la reciprocidad de entrambos vocablos, para evitar confusio-
nes, había fijado a la inversa, para su uso, el empleo y significación
de cada uno de ellos, y cuando decía el cosmos quería decir el diccio-

nario y cuando decía el diccionario, quería dar a entender el universo. Si le pedía a Angustias que le diese el cosmos, la niña, por experiencia, ya sabía que le tenía que entregar aquel libraco, el cual, para ella, era tan lógico que se llamase cosmos como que se llamase diccionario. Pero —prosigue la especulación belarminiana— así como la mayoría de los hombres vive en el diccionario —es decir, en el mundo—, sin enterarse de que viven, así también consultan y leen el cosmos —es decir, el diccionario—, sin enterarse de lo que leen. Vivir es conocer, y conocer es crear, dar un nombre. Cuando un hombre llama árbol a un árbol porque le ha oído llamar así, ese hombre no conoce el árbol ni sabe lo que dice; si conociese al árbol, lo hubiera creado él mismo, le hubiera dado un nuevo nombre. Y ahora viene lo más sutil de la especulación belarminiana. En el cosmos —es decir, en el diccionario— están los nombres de todas las cosas, pero están mal aplicados, porque están aplicados según costumbre mecánica y en forma que, lejos de provocar un acto de conocimiento y de creación, favorecen la rutina, la ignorancia, la estupidez, la charlatanería gárrula y el discurso vulgar, vacío y memorista. Están los nombres en el cosmos —es decir, en el diccionario— como aves en jaula, o como seres vivos, pero narcotizados y escondidos en sepulcros con siete sellos. Belarmino hallaba una manera de placer místico, un a modo de comunicación directa con lo absoluto e íntima percepción de la esencia de las cosas cuando rompía los sellos sepulcrales para que se alzasen los vivos enterrados, y abría las jaulas para que las aves saliesen volando. Leía las palabras del cosmos —es decir, del diccionario— evitando, con el mayor escrúpulo, que rozase sus ojos la definición de que iban acompañadas. Leía una; en rigor, no es que la leyese; la veía, materialmente, escapándose de los pajizos folios, caminar sobre el pavimento, o volar en el aire, diluirse nebulosamente en el techo. Unas veces eran seres; otras eran cosas; otras, conceptos e ideas; otras, sensaciones de los sentidos; otras, delicadas emociones. Tal vez se producían resultados que, para un espíritu superficial, pudieran parecer cómicos; pero en el fondo todo era muy serio. *Camello,* decía el cosmos —es decir, el diccionario—; y Belarmino veía, en efecto, brotar de la página el bicho cuadrúpedo rumiante, aunque muy mermado de proporciones, y salir andando despaciosamente por el piso; pero a los pocos pasos, el perfil de la bestia ya de suyo sinuoso, se deformaba más todavía, evolucionaba, se transformaba; el animal se ponía en dos pies, aparecía vestido con uniforme; la cabeza, sin perder la expresión primitiva, tomaba rasgos humanos; las jorobas se convertían en alforjas, que colgaban al pecho y espalda, y de una de las bolsas salía un gran cartapacio. Belarmino acababa de comprender un ser del diccionario —es decir, del mundo sensible—, y, por conocerlo, había creado una nueva palabra. Camello, de allí en adelante, significaría para él, ministro de la Corona. Dromedario significaba sacerdote o ministro del Señor, después de un proceso evolutivo semejante. No se crea que en el léxico Belarminiano las voces dromedario y camello entrañaban intención contumeliosa o despectiva; antes al contrario, implicaban admirativa comprensión. Aludían al desierto de indiferencia en que se mueven así el gobernante como el sacerdote, a la sobriedad que practican o deben practicar, a la pesada carga que conducen a hombros, y finalmente, la joroba simbolizaba la responsabilidad que llevan adherida a la propia espina dorsal, y que en el gobernante es doble, para con Dios y para con los hombres, y en el sacerdote sencilla, sólo para con Dios. Y de aquí, joroba = responsabilidad; un nuevo acto de creación en el cosmos —es decir, en el diccionario— de Belarmino. Otras palabras le producían únicamente sensación de cualidades físicas. Pero las palabras que con mayor ansiedad perseguía, las que le transían de entusiasmo en comprendiéndolas y creándolas, eran aquellas que a él se le antojaban términos filosóficos y que, por ende, expresaban un concepto inmaterial: *metempsícosis, escolástico, escorbútico,* etc, etc. Después de una revelación no poco difícil de interpretar, Belarmino había decidido así aquellos tres términos: *metempsícosis* es lo mismo que intríngulis indescifrable, lo incognoscible, *das ding an sich* de Kant, y viene de psicosis, o sea intríngulis, y mete, introduce, esconde; meter intríngulis, en las apariencias sencillas. *Escolástico* es el que sigue irracionalmente opiniones ajenas, como la cola de los irracionales sigue el cuerpo. *Escorbútico* vale tanto como pesimismo, y viene de cuervo, pájaro sombrío y de mal agüero. ¡Era mucho hombre aquel Belarmino!

(Ramón Pérez de Ayala, *Belarmino y Apolonio,* ed. Andrés Amorós, Madrid, Catedra 1976: pp. 169-73).

Todo en el fragmento presentado nos lleva a considerar el texto como una exposición, que encuadraría perfectamente dentro de lo que se ha dado en llamar la «novela intelectual» de Pérez de Ayala.

Una simple lectura del fragmento textual nos permite comprender que trata en él aspectos de la filosofía del lenguaje, atribuidos a Belarmino, personaje principal de la novela, asunto que adquiere una especial relevancia en la obra, en cuanto que revela uno de los rasgos más característicos de este «filósofo-zapatero».

Pero esta actitud de Belarmino responde a un acto de creación lingüística de índole diferente a lo que hemos señalado en la segunda parte del libro, en relación con las deformaciones e innovaciones llevadas a cabo por Delibes, Torrente Ballester y otros escritores; si bien, en el fondo de todos estos experimentos subyace la idea común a filósofos y literatos de la insuficiencia expresiva del lenguaje.

Un análisis superficial nos llevaría a clasificar rápidamente el texto como propio de un lenguaje humanístico, con ribetes de cientifismo, en el cual se busca especialmente la más absoluta precisión, aun a riesgo de entorpecer la variedad expresiva y la armonía de la expresión. Ello obedece al carácter voluntariamente «objetivo» que se quiere dar a la especulación de Belarmino, en orden a justificar la concepción lingüística-filosófica del mismo. Por esta causa, las palabras aparecen usadas con una significación precisa, monosémica y claramente denotativa, si bien, paradójicamente, algunas adquieren esos valores después de haber «aceptado» los valores evocativos y connotativos que Belarmino vuelca sobre ellas.

Del mismo modo una mirada superficial nos llevaría a considerar el texto como «poco literario» debido a la voluntad de Pérez de Ayala, apenas disimulada, de exponer las ideas con absoluta claridad, para lo cual no sólo emplea numerosos elementos de cohesión verbal —a base de relaciones formales y significativas: correlaciones morfosintácticas, sustituciones, relaciones sinonímicas, relaciones de comparación o de continuidad entre las palabras, etc.— sino que también, utiliza unos largos períodos oracionales, con numerosos conectores y nexos de subordinación que dan al texto un marcado predominio del pensamiento lógico y de la hipotaxis, como es propio del lenguaje de la exposición y de la argumentación, tendente siempre a expresar con suma claridad los conceptos expuestos. Por si esto fuera poco, resultan evidentes ciertas reiteraciones que en alguna ocasión, como ya dije, perjudican la belleza del texto. Así, por ejemplo, la constante repetición de la explicativa «es decir», que llega a resultar monótona y cargante, o reiteraciones de verbos y sustantivos, y hasta de conceptos completos con leves modificaciones, es lo que confiere a ciertos períodos un paralelismo conceptual y, a veces, sintáctico:

> El diccionario, en su opinión, era epítome del universo, prontuario sucinto de todas las cosas terrenales y celestiales, clave con que descifrar los más insospechados enigmas. La cuestión era penetrar esa clave secreta, desarrollar ese prontuario, abarcar de una ojeada ese epítome, etc.

Ese ánimo de precisión absoluta, de objetividad en el uso del lenguaje contrasta vivamente con la presencia de un narrador «omnisciente», que se permite incluso indicaciones al lector:

> Todo lo anterior es un fragmento de las especulaciones belarminianas. ¡Lo que hace la prolongada actitud sedentaria y el ocio discursivo!... Los filósofos son hombres en cuclillas, incluso el peripato, que, si explicaba paseando, encuclillado edificó su sistema. Prosigue.

O más adelante, una advertencia como, «Y ahora viene lo más sutil de la especulación belarminiana». Hasta tal punto nos ponen en guardia estas apariciones del autor, que cuando —después de haber explicado que para Belarmino, «camello» significa ministro de la Corona y «dromedario», sacerdote— nos advierte que esas voces no entrañaban en el léxico belarminiano «intención contumeliosa o despectiva», uno no puede dejar de pensar que en Pérez de Ayala sí subyace dicha intención y que, con su peculiar ironía y humor, ha decidido guardarse las espaldas con su personaje.

Ahora bien, una lectura más detenida nos señala que hay en el texto unos valores propios del lenguaje literario, entre los cuales, dejando al margen los más evidentes, debemos destacar dos: la concepción del mundo como una gran metáfora —expresada así en las sustituciones belarminianas— y las extrañas asociaciones conceptuales —de tono casi vanguardista por la rareza de las mismas— que acaban conduciendo precisamente a la recreación metafórica de la realidad, la cual queda sin embargo falseada, al construir Belarmino una realidad imaginaria, a través de un «lenguaje» que solamente él «piensa».

Según dice Ortega, «conciencia es creación». Es decir, el mundo vale y es en la medida en que cada cual tiene conciencia del mismo. Y como los contenidos «emergen del fondo subjetivo», Belarmino, mediante la creación del mundo a través de la palabra, resulta un *petit Dieu*, en expresión de Leibniz, y hace de su «yo», al modo kantiano, el «sumo legislador de la naturaleza» (Ortega y Gasset, 1966: Espasa-Calpe, IV, p. 215).

Con otras y también parecidas palabras, se expresa Pérez de Ayala en el fragmento citado, cuando refleja así el pensamiento de Belarmino, es decir, el suyo:

> la cosa no existe por sí ni para otras cosas [...] sino que existe para un *Inteleto* que la conoce, y en cuanto que la conoce, le da un nombre, le pone una palabra. Conocer es crear, y crear conocer.

Compárese esta afirmación con la de Ortega y se verán las afinidades. Pero de esto nos ocuparemos más tarde. Interesa ahora desarrollar el valor expresivo del lenguaje belarminiano, según sus propias creaciones, derivadas de su conciencia. Las invenciones de Belarmino son casi complejos ideogramas metafóricos por los que las ideas más dispares llegan a fundirse en una significación conjunta, que se adhiere a un significante preexistente —el cual pierde su significado habitual, arbitrario y convencional, para adquirir una nueva carga significativa motivada, mucho más personal y, desde luego, sorprendente. Y bien, a pesar de la aparente objetividad y monosemia del texto, ¿hay algo más poético y menos filosófico —según la filosofía analítica y «formalista» de nuestro tiempo— que la metáfora y la «extrañeza» del léxico? Lo primero parece evidente. Lo segundo podemos entenderlo si aceptamos que es posible «medir» la literariedad de un texto según la separación «sorprendente» y «extraña» de lo que conocemos como el «grado cero» del lenguaje, cuando éste se usa en simple función referencial y denotativamente. Que las metáforas de Belarmino son «sorprendentes» y rompen por completo el sistema de la formalización conceptual propia del castellano en su proceso de elaboración, resulta evidente. Es así como un texto denotativo, lógico, argumental y básicamente referencial-informativo se nos convierte de golpe en un texto de múltiples significaciones, con un marcado carácter literario.

No deja de ser curiosa la coincidencia entre el proceso de metaforización seguido por Belarmino —a partir de esa serie de raras asociaciones mentales—, con el modo de realizarse la escritura china. Cuando hace un momento aplicaba a estas creaciones belarminianas el calificativo de «ideogramas metafóricos» tenía presente un texto, también de Ortega:

> La (escritura) china, en cambio, designa directamente las ideas y está más próxima a la fluencia intelectual. Escribir o leer en chino es pensar, y viceversa, pensar es casi escribir o leer. Por eso los carácteres sínicos reflejan más exactamente que los nuestros el proceso mental. Así, cuando se quiere pensar por separado la tristeza, se encontró el chino con que carecía de signo para ella. Entonces reunió dos ideogramas: uno, que significaba «otoño», y otro, que se lee «corazón». La tristeza quedó así pensada y escrita como «otoño del corazón» [...] (igual que) «república» se escribe con tres signos que significan «dulzura-discusión-gobierno». La república es para los chinos un gobierno de mano suave que se funda en la discusión (J. Ortega y Gasset, 1966: Espasa-Calpe, IV, pp. 207-8).

Si consideramos los procedimientos de Belarmino no resultaría excesivo pensar que hubiera adelantado mucho de haber nacido en China. En cualquier caso, vuelvo a insistir en que el texto es mucho más «literario» de lo que nos permite suponer una lectura superficial. Es así como el fragmento resulta «poético» en grado sumo, no sólo por lo que hay en él de «creación», sino también por el lirismo que supone la actitud que nos habla de los esfuerzos intelectuales que realiza un hombre inteligente y sagaz, pero sin cultura, por conseguir a través del lenguaje un mundo y una realidad a la medida de su conciencia.

Y con esto alcanzamos los auténticos valores «intelectuales» del texto.

Las palabras —el lenguaje—, según aparecen en el diccionario o según son usadas habitualmente, conforme a sus acepciones socialmente reconocidas, resultan «insuficientes». No es, pues, casualidad que en otro lugar de *Belarmino y Apolonio,* afirme Pérez de Ayala a través de un personaje: «Y en cuanto a variar la acepción usual de las palabras, le diré a usted que todos los sistemas filosóficos deben comenzar necesariamente por esto» (p. 203). Y en el fragmento propuesto, leemos:

En el cosmos —es decir, en el diccionario— están los nombres de todas las cosas, pero están mal aplicados, porque están aplicados según costumbre mecánica y en forma que, lejos de provocar un acto de conocimiento y de creación, favorecen la rutina, la ignorancia, la estupidez, la charlatanería gárrula.

Esta es, pues, la principal preocupación de Belarmino: el lenguaje y el conocimiento del mundo, desde su conciencia pensante. El hecho de que Belarmino discurra sobre el tema sin excesivo rigor —pues debiera partir de aclarar términos como «conocimiento», «conciencia», «objeto» y «lenguaje»— resulta coherente y lógico. Él es solamente un zapatero sin demasiada cultura, aficionado a filosofar. Esta falta de rigor se convierte así en un rasgo expresivo de valor literario. El personaje actúa y se expresa con la debida «propiedad».

Por esto mismo, llama enseguida la atención que Belarmino no adopte ante el problema planteado una actitud «lingüística», sino «filosófica». La actitud del lingüista habría consistido más bien en interesarse por el lenguaje en sí mismo y por estudiar las relaciones sistemáticas que lo rigen. Pero no, Belarmino toma la actitud del filósofo desde el momento en que entiende el lenguaje como algo problemático, cargado de «imperfecciones», «errores» e inexactitudes, y, en consecuencia, perfeccionable, que es a lo que se dedica con sobrada pasión, hasta el punto de crear un nuevo «lexicón», cuyas especiales significaciones y connotaciones se verá obligado a añadir el autor, en ordenación alfabética, al final de la novela.

Esta actitud de Belarmino es la misma, sin duda, que la manifestada por numerosos filósofos a lo largo de la historia.

Sería interesante tratar de encajar ahora a Belarmino entre algunos pensadores concretos. Curiosamente, con quienes más coincide es con los filósofos primitivos, y esto sigue siendo lógico y coherente, pues Belarmino se aproxima al problema de un modo intuitivo, un tanto ingenuo acaso que, desde luego, le mantiene alejado de las «formalizaciones» a que ha llegado el neopositivismo. Esto hubiera sido absurdo desde la lógica del relato que nos muestra a un zapatero sagaz, pero inculto, como ya señalé.

De cualquier modo, Belarmino advierte la imposibilidad de que el lenguaje represente con exactitud la realidad y, por ello, se dedica a dotar a las palabras de una significación más próxima a las concepciones de su conciencia. Causa y consecuencia.

Belarmino busca el auténtico «ser» —esencia parmenidea— de las cosas partiendo, sin embargo, en su especulación de la actitud del sofista Gorgias, para quien las palabras son siempre inexactas y por ello pueden «provocar en el alma la impresión que desee» cada cual, por lo que el mundo «es resultado de la concepción que cada hombre expone en su lenguaje». Del mismo modo se conjunta con el intuicionismo platónico, por el que el «alma» capta directamente y sin intermediarios la realidad de las ideas, superando los procesos lógicos del discurso racional, que en todo caso se aplicará a la explicación de esas ideas conocidas intuitivamente. En este sentido Belarmino enlaza con el intuicionismo moderno de Husserl, surgido como reacción al racionalismo imperante en Europa durante la Edad Moderna.

La actitud de Belarmino, pues, está muy alejada de unos planteamientos científicos y racionales como los que se encuentran a partir de Locke y que nos llevarían, a través de Berkeley, Leibniz o Frege hasta la filosofía analítica y formalista propugnada por Russell, Witehead o Wittgenstein, en pleno auge por los años en que Ramón Pérez de Ayala escribe *Belarmino y Apolonio*.

Nada más lejos, pues, de una «formalización» rigurosa por parte de Belarmino que, si bien comprende la necesidad de un lenguaje ideal que evite los problemas y las insuficiencias de los lenguajes naturales como vehículo de conocimiento, no llega a ver la necesidad de una nítida formalización lingüística, claramente estructurada, exacta, completa y exenta de contradicciones, que se considera imprescindible para poder expresar el conocimiento de forma unívoca y rigurosamente científica. Sin embargo, Pérez de Ayala no deja de tener presente el problema cuando en su obra hace que varios personajes, entre bromas y veras, comprueben la exactitud y sistematicidad del incomprensible lenguaje belarminiano. Desde la lógica interna de los procesos mentales de Belarmino, dicho lenguaje resulta ser suficiente y tener cierta sistematicidad, pero en ningún caso puede considerarse científico: primero, por partir de la intuición como forma del conocimiento; segundo, porque subyace en su sistema de «sustituciones» una actitud poética; tercero, por la manipulación que a través del lenguaje hace de la realidad; y cuarto, por buscar sólo «signos aislados» olvidando las «proposiciones», sin crear una formalización sistemática, exacta, exhaustiva, generalizadora y libre de contradicciones, asunto este que, si empieza en la filosofía neopositivista, pronto será una de las preocupaciones de la lingüística estructural.

No creo que Pérez de Ayala desconociera los trabajos de Russell, Witehead o Wittgenstein que cristalizarían pocos años después en el *Círculo de Viena* (1929), donde filósofos como Carnap o Moritz Schlick defenderán un positivismo lógico, aplicando «los métodos de análisis lógico propuestos por Russell y Wittgenstein, a los problemas filosóficos de las ciencias naturales» (J. M. Esteve, 1979: p. 64). Pienso, por el contrario que, aun conociéndolos, no creyó pertinente dotar de tales conocimientos a un «zapatero» como Belarmino, lo cual habla una vez más del carácter literario —más que ensayístico— del lenguaje belarminiano.

Las teorías de Belarmino, pues, no respetan la «lógica» ni demuestran precisión. Simplemente comprende la insuficiencia del lenguaje natural, intuye sus anomalías y contradicciones, y poéticamente —no lo olvidemos—, procede a su sustitución, dándoles una nueva vida al sacarlas del diccionario, en donde se encuentran «como aves en jaula».

Solamente si sacamos las palabras de sus nichos y se aplican al conocimiento de la realidad con la mayor precisión, llegaremos a captar el mundo en su exacta plenitud, lo cual sería en definitiva la idea básica de Belarmino, aunque esos procedimientos no sean los correctos. Esta misma idea, formada desde una intuición maravillosamente poética, la expresa también en *El humo dormido* (1919) Gabriel Miró, quien como poeta más que como filósofo y al igual que Bécquer y otros tantos, sintió las insuficiencias del «mezquino idioma», capaz de provocar, sin embargo, la exultante gracia del conocimiento de las cosas.

> Hay emociones que no lo son del todo hasta que no reciben la fuerza lírica de la palabra, su palabra plena y exacta. Una llanura de la que sólo se levantaba un árbol, no la sentí mía hasta que no me dije: «Tierra caliente y árbol fresco». Cantaba un pájaro en una siesta lisa, inmóvil, y el cántico la penetró, la poseyó toda, cuando alguien dijo: «Claridad». Y fue como si el ave se transformase en un cristal luminoso que revibraba hasta en la lejanía. Es que la palabra, esa palabra, como la música, resucita las realidades, las valora, exalta y acendra, subiendo a una pureza «precisamente inefable» lo que, por no decirse ni decirse en su matiz, en su exactitud, dormía dentro de las exactitudes polvorientas de las mismas miradas y del mismo vocablo y concepto de «todos» (G. Miró, *El humo dormido*: p. 105).

Exactitud, precisión, belleza, musicalidad, creación. Son los poderes divinos del verbo. No otra cosa parece buscar Belarmino con su lenguaje poético-metafórico de filósofo aficionado, sino re-crear su mundo a través de un lenguaje suficiente y conformado a su conciencia.

TEXTO 2

Fragmento de *Réquiem por un campesino español,* de R.J. Sender
(Concepción del mundo y literatura)

Cuando no quedaba nadie en la plaza, sacaron a Paco y a otros dos campesinos de la cárcel y los llevaron al cementerio, a pie. Al llegar era casi de noche. Quedaba detrás, en la aldea, un silencio temeroso.

El centurión, al ponerlos contra el muro, recordó que no se habían confesado, y envió a buscar a Mosén Millán. Éste se extrañó de ver que lo llevaban en el coche del señor Cástulo. (Él lo había ofrecido a las nuevas autoridades.) El coche pudo avanzar hasta el lugar mismo de la ejecución. No se había atrevido Mosén Millán a preguntar nada. Cuando vio a Paco no sintió sorpresa alguna, sino un gran desaliento. Se confesaron los tres. Uno de ellos era un hombre que había trabajado en casa de Paco. El pobre, sin saber lo que hacía, repetía fuera de sí una vez y otra vez entre dientes: «Yo me acuso, padre..., yo me acuso, padre...» El mismo coche del señor Cástulo servía de confesionario, con la puerta abierta y el sacerdote sentado dentro. El reo se arrodillaba en el estribo. Cuando Mosén Millán decía *ego te absolvo,* dos hombres arrancaban al penitente y volvían a llevarlo al muro.

El último en confesarse fue Paco.

—En mala hora le veo a usted —dijo al cura con una voz que Mosén Millán no le había oído nunca—. Pero usted me conoce, Mosén Millán. Usted sabe quién soy.

—Sí, hijo.

—Usted me prometió que me llevarían a un tribunal y me juzgarían.

—Me han engañado a mí también. ¿Qué puedo hacer? Piensa, hijo, en tu alma, y olvida, si puedes, todo lo demás.

—¿Por qué me matan? ¿Qué he hecho yo? Nosotros no hemos matado a nadie. Diga usted que yo no he hecho nada. Usted sabe que soy inocente, que somos inocentes los tres.

—Sí, hijo. Todos sois inocentes; pero, ¿qué puedo hacer yo?

—Si me matan por haberme defendido en las Pardinas, bien. Pero los otros dos no han hecho nada.

Paco se agarraba a la sotana de Mosén Millán, y repetía: «No han hecho nada, y van a matarlos. No han hecho nada». Mosén Millán, conmovido hasta las lágrimas, decía:

—A veces, hijo mío, Dios permite que muera un inocente. Lo permitió de su propio Hijo, que era más inocente que vosotros tres.

Paco, al oír estas palabras, se quedó paralizado y mudo. El cura tampoco hablaba. Lejos, en el pueblo, se oían ladrar perros y sonaba una campana. Desde hacía dos semanas no se oía sino aquella campana día y noche. Paco dijo con una firmeza desesperada:

—Entonces, si es verdad que no tenemos salvación, Mosén Millán, tengo mujer. Está esperando un hijo. ¿Qué será de ella? ¿Y de mis padres?

Hablaba como si fuera a faltarle el aliento, y le contestaba Mosén Millán con la misma prisa enloquecida, entre dientes. A veces pronunciaban las palabras de tal manera que no se entendían, pero había entre ellos una relación de sobreentendidos. Mosén Millán hablaba atropelladamente de los designios de Dios, y al final de una larga lamentación preguntó:

—¿Te arrepientes de tus pecados?

Paco no lo entendía. Era la primera expresión del cura que no entendía. Cuando el sacerdote repitió por cuarta vez, mecánicamente, la pregunta, Paco respondió que sí, con la cabeza. En aquel momento Mosén Millán alzó la mano, y dijo: *Ego te absolvo in...* Al oír estas palabras dos hombres tomaron a Paco por los brazos y lo llevaron al muro donde estaban ya los otros. Paco gritó:

—¿Por qué matan a estos otros? Ellos no han hecho nada.

Uno de ellos vivía en una cueva, como aquel a quien un día llevaron la unción. Los faros del coche —del mismo coche donde estaba Mosén Millán— se encendieron, y la descarga sonó casi al mismo tiempo, sin que nadie diera órdenes ni se escuchara voz alguna. Los otros dos campesinos cayeron, pero Paco, cubierto de sangre, corrió hacia el coche.

—Mosén Millán, usted me conoce —gritaba enloquecido.

Quiso entrar, no podía. Todo lo manchaba de sangre. Mosén Millán callaba, con los ojos cerrados y rezando. El centurión puso su revólver detrás de la oreja de Paco, y alguien gritó alarmado:

—No. ¡Ahí no!

Se llevaron a Paco arrastrando. Iba repitiendo en voz ronca:

—Pregunten a Mosén Millán; él me conoce. Se oyeron dos o tres tiros más. Luego siguió un silencio en el cual todavía susurraba Paco: «Él me denunció..., Mosén Millán. Mosén Millán...»

(Ramón J. Sender, *Réquiem por un campesino español,* Buenos Aires, Prometeo, 1971[5]: pp. 72-6).

El presente fragmento se encuentra al final de la novela *Réquiem por un campesino español,* obra publicada anteriormente con el título de *Mosén Millán,* en 1951.

Sorprende básicamente en el autor la pretendida imparcialidad con que narra los hechos, lo cual resulta incluso paradójico si consideramos que actúa como narrador omnisciente, adentrándose en los recovecos de las conciencias, sobre todo en la de Mosén Millán.

La objetividad no es formal, pues, pero sí intencional. Sender aparentemente no toma partido, se limita a contar unos hechos de forma que el lector pueda crearse posteriormente un juicio sobre la conducta y el talante moral de quienes han participado en ellos. Tal vez sea esto demasiado evidente y forme parte, por eso mismo, de una inteligente manipulación del lector, por el acusado maniqueísmo que hacia la mitad del relato empieza a manifestarse. Queremos decir con esto que el autor no escribe una novela de tesis, no condena directamente, no juzga tampoco —ante el asalto salvaje de los falangistas hace predominar el silencio, la sorpresa y la ofuscación entre los habitantes del pueblo— y, sin embargo carga innecesariamente las tintas, buscando ya una respuesta emotiva en el lector: entre los habitantes del pueblo sólo hay miedo, insolidaridad, ofuscación y cobardía inconsciente; venganza, bellaquería y ruindad en los caciques; cobardía, miedo, ingenuidad, vanidad fatua e imprudencia en Mosén Millán; sin embargo, por lo que concierne a Paco, entre tanta vileza sobresale su generosidad, su entrega, su deseo de redimir a los ocupantes de las cuevas, su afán de justicia, su solidaridad valiente, su confianza, su destino fatal, etc., y todo ello sin que puedan observarse en él tendencias políticas de ninguna clase, salvo un republicanismo que puede parecer al autor connatural con todas las actitudes mencionadas.

En nuestra opinión, este maniqueísmo es el único defecto de la novela que por lo demás, según podremos luego ver, es perfecta. Incluso podría decirse que lo anterior es técnicamente una falta menor si consideramos que se trata de una novela breve donde casi viene exigida una acumulación de datos en pocas páginas, que de otro modo, en un relato extenso, hubieran podido resultar menos notorios, aunque nunca inadvertidos. La brevedad del relato resulta, pues, un arma de dos filos: por un lado, propicia la acumulación maniquea de datos, sucesos y actitudes; por otro proporciona a la novela una tensión de gran eficacia, que en una narración extensa resultaría más difícil conseguir.

Por otra parte, el hecho de que Sender no otorgue a Paco una militancia concreta es algo que también debía esperarse del autor. En un libro póstumo de memorias, *Álbum de radiografías secretas,* dice Sender: «Yo no creo en los partidos. Tengo ideas propias como cada cual, pero sin servidumbres electorales» (1982: p. 351), hablando también de su «necesidad de escapar a la definición» (p. 64) y afirmando que «la verdad es sencilla y directa y se expresa pronto». Con estas declaraciones, al igual que ocurre en *Réquiem por un campesino español,* Sender es coherente con su anarquismo inicial y con su propia forma de ser independiente y libre de todo prejuicio, lo cual no le impidió —las circunstancias lo exigían— prestar su colaboración al gobierno republicano y a sus ideales durante la Guerra Civil.

El objetivismo y el distanciamiento del autor en esta novela son sólo aparentes, pero, como hemos visto, ni la «forma» escogida —narrador omnisciente— ni la falacia intencional oculta propiciaban una objetividad que, por otra parte, tampoco era necesaria.

El fragmento seleccionado, no obstante, expone con una impresionante frialdad el asesinato de Paco y de otros dos vecinos, a manos de los falangistas que irrumpen en el pueblo poco tiempo después de proclamarse la República. Este distanciamiento, mucho más eficaz en su actuación sobre las conciencias que si el autor hubiera tomado partido, procede de diversos rasgos. Uno de ellos es la escasísima presencia de adjetivos y los pocos que encontramos o no se refieren a personas o funcionan como predicativos; sólo tres de ellos actúan como auténticos modificadores calificativos de una actitud sustantiva: «firmeza desesperada», «prisa enloquecida», «larga lamentación». Curiosamente, los tres aparecen a escasa distancia y guardando entre sí una asociación semántica reforzada por adverbios como (hablaba) «atropelladamente», o (repitió) «mecánicamente». Es sabido que con la calificación de un hecho se puede manipular la realidad objetiva, ya sea agrandándola o empequeñeciéndola, ya sea degradándola o ennobleciéndola. En este caso, el distanciamiento del autor es enormemente operativo, pues la narración directa de la ejecución de Paco hace que los hechos queden grabados en el lector —conocedor de la brutal injusticia que ha dado lugar a tales acontecimientos— por la misma crueldad y frialdad de los asesinatos, repudiándolos intensamente y condenando a sus autores.

Otro rasgo que funciona dentro de este distanciamiento objetivador es la serenidad con que Paco afronta la muerte, sin olvidarse hasta el último momento de los otros dos campesinos que van a ser ejecutados con él, pidiendo clemencia para ellos y no para sí. De este modo, el autor, sin decirlo expresamente, dignifica la muerte de Paco al evitar lamentos ya inútiles y lo ennoblece al mostrar, sin explicar, la generosa conducta del inesperado «líder» popular.

Finalmente, otro rasgo que sigue impresionando al lector es el hecho de que el autor evite dar nombre a los asesinos que actúan, desde su llegada al pueblo, como una fuerza bruta, ignominiosa y terrible, capaz de atemorizar a los vecinos, que ven cómo la destrucción y la muerte llega hasta ellos, sin explicarse el porqué. De este modo, las fuerzas falangistas aparecen como un monstruo destructor en marcha, donde las individualidades son imposibles. Queda así enfrentado el hombre, el individuo, a los agentes sin nombre de un odio fanático e irracional. Al no cargar tampoco las tintas sobre los asesinos o sobre la ejecución misma, evita también el autor caer en el posible folletín al que sólo en algún momento se aproxima.

«Sobriedad», es la palabra que resume los rasgos de este fragmento: sobriedad técnica —sencillas descripciones y diálogos en estilo directo—; sobriedad estilística —sólo con alguna reiteración, sin otras figuras retóricas, consigue mostrar la obsesionante espera de la muerte—; y sobriedad lingüística, que le lleva a narrar escuetamente el acontecimiento crucial de la novela.

Empleo el adjetivo «crucial» con total intención. La muerte de Paco el del Molino es la cruz, es el eje de todo el relato, aunque aparezca al final de la novela. Y de esta forma llegamos al análisis de esta obra maestra.

Semánticamente, es la muerte del protagonista lo que pone en marcha el relato. Todo está dirigido hacia ese momento final, pero no podemos olvidar que la novela se abre con una misa de *réquiem,* en el aniversario de su muerte.

De esta forma, todo actúa dentro de un juego de anticipaciones y de evocaciones, en el que el factor «tiempo» desarrolla una función tan importante que deja de ser un simple procedimiento formal, para llegar a ser el principal condicionante de toda la estructura.

El tiempo objetivo es sólo de quince o veinte minutos —en una mañana de julio— en los que apenas ocurre nada: Mosén Millán espera en la sacristía la llegada de los parientes para iniciar la misa funeral; en su lugar van apareciendo los tres ricos del pueblo —enemigos de Paco y propiciadores de su muerte—, que se prestan a pagar la misa, a lo que se niega el cura por sentirse también culpable; finalmente, aparece con cierto dramatismo el potro de Paco en la iglesia —aludido ya en la primera página— y, tras sacarlo del templo, se inicia la misa. Entre tanto, un monaguillo entra y sale recitando un romance alusivo a la muerte de Paco, y Mosén Millán se entrega a una dolorosa rememoración del pasado.

El tiempo del relato, pues, viene marcado por los recuerdos de Mosén Millán y dura veintiséis años: Paco debió de ser ejecutado a los veinticinco y a estos es preciso sumar el año del aniversario de su muerte. Tras la rememoración del bautizo de Paco y de su celebración, expresa el narrador:

«Veintiséis años después se acordaba de aquellas perdices, y en ayunas, antes de la misa, percibía los olores de ajo, vinagrillo y aceite de oliva» (pp. 11-12). Así, de vez en cuando, a medida que el cura va recordando hechos y acontecimientos, el autor nos lleva al momento del oficio funeral. «Siete años después, Mosén Millán recordaba la boda sentado en el viejo sillón de la sacristía» (p. 46); «El cura seguía con sus recuerdos de un año antes» (p. 70) y «un año había pasado desde todo aquello» (la llegada de los falangistas y los asesinatos) (p. 77). Aparte de estos claros indicadores del «tiempo», existen otros datos que sirven para fijar los hechos: «Tres semanas después de la boda volvieron Paco y su mujer, y el domingo siguiente se celebraron elecciones» (p. 49), refiriéndose a las elecciones municipales del 13 de abril de 1931. «Se supo de pronto que el rey había huido de España» (p. 50); «un día del mes de julio la guardia civil de la aldea se marchó [...] llegó a la aldea un grupo de señoritos con vergas y pistolas» (p. 59), que desencadenarían rápidamente los acontecimientos.

Entre los indicadores de tiempo, existe uno en el que puede observarse un grave desfase —despiste— por parte del autor. Al recordar el día del bautizo señala, como vimos, *«veintiséis años después»;* sin embargo, inmediatamente después de recordar la visita que realiza Paco a las cuevas con Mosén Millán —hay que suponerle seis o siete años como mínimo, pues la visión del moribundo y de su «vivienda», impresiona sobremanera a Paco y resultará de suma importancia para el relato—, el narrador dice: *«Veintitrés* años después, Mosén Millán recordaba aquellos hechos...» (p. 29). (Los subrayados son nuestros.)

De esta manera se produce una continua mezcla entre el pasado y el presente, originando, como decíamos, un apasionante vaivén de anticipaciones y de evocaciones que, desde el punto de vista conceptual, dotan al breve relato de una intensidad inmensa por las numerosas interacciones y por ese tono de misterio, que oscila entre el presagio y la predicción fatalista, por un lado, y el recuerdo culpable de Mosén Millán y la rememorización lírica del pasado, por otro, a través del romance que canturrea el monaguillo.

La obra, en este aspecto, es perfecta. Hay una serie de sucesos, motivos y temas que se repiten constantemente, y el fragmento seleccionado da cabida y cierre a muchos de ellos, pues casi inmediatamente después, comienza ya la misa de réquiem que se anuncia en la primera página, sin la asistencia de los parientes, cuya espera se indica también en tres ocasiones en los comienzos del libro (pp. 6, 12 y 16). Al final, la iglesia está desierta y sólo asisten a la misa los tres enemigos de Paco —a los que hemos ido viendo llegar con el deseo de pagarla (pp. 34, 48, 67)—, el propio oficiante, Mosén Millán, y el monaguillo, cuyos hechos —pues también acompañó al cura al lugar de las ejecuciones para dar la extremaunción a los asesinados (p. 7)—, recuerdan de algún modo aquella visita de Paco a las cuevas.

Esta visita a las cuevas es uno de los «motivos» fundamentales de la obra y se menciona al menos en cinco ocasiones, como el hecho que desencadena el interés de Paco por la redención de sus habitantes, hasta el punto de que sus primeros actos como concejal irán por este camino y será eso lo que en parte provocará su enfrentamiento con el duque propietario de las tierras y esto a su vez motivaría su persecución y su muerte a manos de los forasteros falangistas. Precisamente, uno de los ejecutados con Paco «vivía en una cueva, como aquel a quien un día llevaron la unción», como leemos en el fragmento.

Todo está ya sabido de antemano. Los hechos mismos se anticipan con esta misteriosa alusión: «El zapatero era nuevo en la aldea. El anterior no iba a misa, pero trabajaba para el cura con el mayor esmero, y le cobraba menos. Aquel zapatero y Paco el del Molino habían sido muy amigos» (p. 8). Después, comprendemos este recuerdo de Mosén Millán cuando se nos relata el asesinato del «anterior» zapatero, tras recibir una «paliza tremenda» (pp. 59-60).

La muerte de Paco, narrada en el fragmento expuesto, también está anticipada en numerosas ocasiones, ya desde el título mismo de la obra y, de un modo más indirecto y poético a través de ciertos episodios como el protagonizado por «la Jerónima» durante la celebración del bautizo, que solía poner bajo la almohada del recién nacido «cuando se trataba de niños una tijerita abierta en cruz para protegerlos de herida de hierro —de saña de hierro, decía ella—»... (p. 13). Igualmente, los primeros fragmentos del romance creado por el pueblo, tras el asesinato de Paco, aluden a estos hechos que leemos en las primeras líneas del texto seleccionado:

> «ya los llevan, ya los llevan
> atados brazo con brazo» (p. 12)

> ...Ahí va Paco el del Molino
> que ya ha sido sentenciado
> y que llora por su vida
> camino del camposanto

> ...y al llegar frente a las tapias
> el centurión echa el alto (p. 7).

Es preciso indicar la belleza y el lirismo de este romance que se nos ofrece sólo parcialmente y con rotura de la linealidad, ya que alude a diferentes hechos de la búsqueda, captura y muerte de Paco, sin respetar la secuencia lógica de los hechos. Este saber callar, este saber decir sólo lo más significativo en un momento inesperado, que contrasta con los hechos de la narración es un enorme acierto del autor y confiere a la obra un carácter popularista y un cierto misterio lírico y patético; más aún si se considera que se pone siempre en boca de un niño, el monaguillo, que participó en los hechos finales.

Dejando a un lado las dos estrofas que canta la rondalla durante la boda, y la pícara canción de la Jerónima, pues no pertenecen a este romance de muerte, encontramos doce fragmentos que debemos leer, para encontrar una secuencia lógica, en el siguiente orden:

10, 4, 5, 6, 1, 7, 3, 9, 2, 8, 11 y 12.

Volviendo al texto aquí seleccionado, vemos otros motivos y temas que de forma recurrente culminan ahora después de haberse anticipado a lo largo de la novela. Así ocurre con el coche del señor Cástulo, el sonido de las campanas, la presencia del revólver, la denuncia de Mosén Millán en la última línea y ciertos asuntos relacionados con los rituales religiosos, como la confesión, etc. Veamos estos aspectos por separado.

Resulta patético que sea el coche del Sr. Cástulo, el mismo que sirvió a Paco y a su mujer para iniciar el viaje de novios tras la boda, el que sirva ahora como confesionario y como iluminación del crimen, con sus faros encendidos; pero aún resulta más trágico ese continuo sonar de campanas «día y noche», «desde hacía dos semanas». Este sonido lúgubre, de muerte, el mismo sonido que un año más tarde se escucharía con motivo de la misa de aniversario, con sus campanadas «lentas, espaciadas y graves» (p. 8) contrasta vivamente con el vivaz sonido de las campanas que repicaron el día del bautizo:

> las campanitas menores tocaban alegremente. Se podía saber si el que iban a bautizar era niño o niña. Si era niño, las campanas —una en un tono más alto que la otra— decían: *no es nena, que es nen; no es nena, que es nen.* Si era niña cambiaban un poco y decían: *no es nen, que es nena; no es nen, que es nena.* La aldea estaba cerca de la raya de Lérida, y los campesinos usaban a veces palabras catalanas (p. 9).

Este sonar de campanas, prácticamente codificado dentro de los ritos religiosos —existe un campanilleo diferente para cada acto: llamada a misa, muerte, bautizo, «ángelus», resurrección— tiene una continua presencia en la obra, y así se escuchan en las páginas 3, 12, 23, 24, 30, 33, 67 y 74. De alguna manera, las campanas simbolizan la presencia influyente del elemento religioso entre el pueblo, entendido sin demasiados problemas, con una fe superficial y escasamente devota, aunque tal vez, profunda por eso mismo: por ser fe y creencia más o menos supersticiosa, en lugar de ser una fe racionalizada. Sender sí quiso racionalizar su fe, su cristianismo —no su catolicismo— en el libro titulado *Ensayos sobre el infringimiento cristiano.*

Conociendo el pensamiento de Sender sobre estas cuestiones —él expresa una religiosidad nada ortodoxa, por la que el cristianismo es una síntesis genial de mitos y religiones anteriores, considerando a Dios como un «Absoluto Real», creado, inventado, por el hombre mismo— puede sorprendernos el respeto del novelista hacia los ritos religiosos que aparecen en *Réquiem por un campesino español,* desde la primera hasta la última página. Ocurre, tal vez, que Sender considera estas manifestaciones religiosas como asimilaciones de mitos antiquísimos —véase en la p. 9 la frase «la pila bautismal sugería misterios antiguos»— que forman ya parte de la expresión de los sentimientos populares y, por ello, goza recreando en su novela todos estos motivos —campanas, bautismos, confesiones, matracas y «monumentos» por Semana Santa, extremaunción, misas, etc.—, al igual que goza recreando otras formas expresivas del sentir popular como es el mismo romance o las celebraciones paganas que siguen a cada fiesta religiosa; o como goza destacando ese «foro» que es el *carasol,* lugar de reunión de los vecinos del pueblo, de donde parten las más enjundiosas «dijendas» —dichos populares— y toda suerte de infamias, calumnias, chismorreos y habladurías de vieja.

Esta constante presencia del elemento popular, que tanto enriquece la obra, como factor esencial de la misma, se expresa a veces en frases sentenciosas como la que formula el padre de Paco en el bautizo de éste: «¡Qué cosa es la vida! Hasta que nació ese crío, yo era sólo el hijo de mi padre. Ahora soy, además, el padre de mi hijo».

«—El mundo es redondo y rueda —dijo en voz alta—» (p. 11). En realidad, estas verdades de Pero Grullo resultan emocionantes por su capacidad de expresar en su sencillez, inefables sentimientos.

Romerías, procesiones, ceremonias varias, supersticiones, rondallas, costumbres propias del folklore... son todos ellos elementos populares que entroncan al lector con su pasado próximo, cercano muchas veces a la presencia de lo mágico, de lo misterioso y de lo inexplicable, tan del gusto de Sender, el cual se empeña en numerosos libros en exponer su concepción del mundo a través de largas disertaciones, sin venir a cuento y, por tanto, sin suficiente justificación formal, lo que convierte muchas de sus obras, sobre todo a partir de 1965, en una extraña amalgama formada a base de procedimientos técnicos y lingüísticos de orden ensayístico y narrativo, que se suceden y se superponen sin demasiado acierto, predominando a veces el ensayo sobre la narración. Es como si a Sender le importara más dejar «claro» su pensamiento y su «doctrina» que elaborar una obra con procedimientos estrictamente narrativos, sin que ello le aproxime tampoco a la novela intelectual.

No ocurre así en esta obra comentada y, por eso, *Réquiem por un campesino español* es una novela breve pero intensa, donde se dan la mano la dimensión popular, la dimensión patética y la religiosa en una perfecta conjunción, conseguida por medio de múltiples recurrencias temáticas y formales.

En resumen, adecuado tratamiento del «tiempo», sobriedad técnica y lingüística, popularismo, ausencia de «tesis» políticas o de cualquier otro tipo, lirismo, misterio, juego de anticipaciones y de evocaciones, de presagios y de recuerdos son los elementos que, en su perfecta interacción convierten esta pequeña novela en una obra maestra, capaz de mostrar, sin «decirlo» expresamente, la ideología de su autor.

TEXTO 3

Fragmento de *El río de la luna* de José M.ª Guelbenzu. Secuencia completa del capítulo V: «El ojo de la serpiente». (Experimentalismo y tradicionalidad)

Hacia las siete regresaron a la villa. Nada más llegar toparon con una buena sorpresa: justo delante del Ayuntamiento se alzaba un tablado de unos dos metros de altura sobre el que descansaban desordenadamente varios micrófonos, una red de cables, una batería y cuatro enormes pantallas, dos a cada extremo. El armazón de sostén estaba cubierto con unos faldones de lona blanca, y algunos operarios —quizá los mismos músicos— se afanaban en ajustar conexiones, probar, dar los últimos toques al escenario. Aquella noche, pues, habría fiesta y el ambiente entre los mirones prometía una asistencia multitudinaria. Fidel se frotó las manos con entusiasmo e inmediatamente comenzó a interesarse por las circunstancias y horario del acontecimiento.

Teresa, por el contrario, abatió su animación en seguida.

—Pero yo tengo que regresarme esta noche y no puedo esperar hasta la fiesta —dijo por fin. Fidel prefirió, vistas las cosas, dejar para más tarde la discusión.

Ahora caminaban continuamente cogidos de la mano o de la cintura, despreocupadamente, como si las barreras se hubieran venido abajo, dos veraneantes felices de repente. Fidel sacó a Teresa de la plaza para evitar que la promesa de la fiesta por venir ensombreciera el momento y, como esto no fuera suficiente, introdujo a Teresa en el coche y se echó carretera adelante, hacia el hotel, junto al que había descubierto un buen restaurante, a una media hora de la villa aproximadamente. Aún les quedaba tiempo para estar a solas y no pensaba desaprovechar un segundo, le llevara a donde le llevase. Tampoco cedería fácilmente el terreno; si esa noche ella se iba, él volvería a buscarla.

Cuando entraron en el hotel, recogió la llave de su habitación y se dirigieron a la cafetería. Fidel no dejó de advertir un breve titubeo en el recepcionista ante la presencia de Teresa, que cortó en seco con gesto exigente y mirada fija, lo que hizo aturullarse doblemente al empleado.

Entonces, de súbito, al tomar asiento, la figura del recitador regresó hasta él.

Ocurrió porque al observar a Teresa despojándose de su anillo de boda a causa del calor, el anillo con el sello de la serpiente se visualizó ante él por un segundo; inmediatamente descubrió que se hallaban sentados a la misma mesa alrededor de la cual la noche precedente tuviera lugar el encuentro con el recitador. Teresa percibió el sorprendido gesto de Fidel, le interrogó con su sonrisa y fue el suyo un diálogo gestual, pues él tomó su anillo, la miró a través de él como si se tratara de un visor, dibujó la forma de una serpiente en el aire y lo colocó después junto al vaso de Teresa, así como las manos de ella en la misma postura del recitador: acompañando y protegiendo el vaso, precisamente un vaso lleno de vino. Después tomó asiento enfrente.

—¿Sabes? —comenzó a decir Fidel—. Anoche estuve aquí, en esta mesa, oyendo contar un relato realmente estremecedor acerca de un muchacho perdido en un laberinto de imágenes. Un relato que me trajo recuerdos cercanos y lejanos y que, si bien no acierto a distinguirlos con claridad, son, ¿cómo te lo diría?..., familiares. Y en el relato me pareció entrever la figura de un hombre con una cicatriz en forma de media luna en la mejilla —dijo esto último con una espontaneidad fingida y controlada. Los ojos de Teresa no mostraron sorpresa, porque un resplandor previo semejante a la astucia veló el segundo sentimiento.

—Era un brujo —afirmó con sencillez— el desconocido.

—Un mensajero, según sus propias palabras —contestó Fidel, imperturbable.

—Un mensajero... —contestó mecánicamente, como perdida en una llamada profunda, Teresa. Se repuso en instantes: —Sí, es una palabra hermosa y justa; sería un mensajero.

Fidel no se atrevió a seguir. Ahora tenía ante él a una mujer dura y astuta, una actitud que le desconcertó y sobresaltó en parte, pero, sobre todo, le aprestó fuera de la línea de conversación tan instintivamente como el animal que ventea un territorio que no le pertenece y, sin rondarlo siquiera, retrocede, aviva el paso y se pierde en la espesura. Hizo un recorte vagamente diletante y cambió de tema, acosado de pronto por un temor de procedencia tan irreconocible —o pretendidamente irreconocible— como cierto.

—Pensé mucho acerca del azar, de la soledad y el tiempo —empezó a decir Fidel. Teresa, con una tierna y diminuta expresión de pesar, como si hubiera advertido la pretendidamente descuidada vuelta atrás de Fidel, tomó entonces sus manos entre las suyas y el gesto detuvo la palabra. Fidel se levantó sin soltar las manos de ella, tomó asiento a su lado, la besó, rodeó con un brazo sus hombros, volvió a besarla, ahora olvidado de la gente de alrededor y, cuando al separar sus labios vio aquel singular brillo, tan conocido, en los ojos de Teresa, no pudo sino contestarle con absoluta precisión:

—Quiero estar contigo, sólo quiero estar contigo, hacer ahora el amor contigo. Lo haría aunque la vida, si es que puede, me lo negase. Lo haría aún después de muerto si me lo negara.

(José M.ª Guelbenzu, *El río de la luna*, Madrid, Alianza, 1982: pp. 330-2).

El río de la luna es una novela muy representativa de lo que ha sido la evolución del experimentalismo no sólo en Guelbenzu, sino en un conjunto de autores de los años setenta. De los primeros y abusivos experimentos se ha pasado a una narrativa que, sin haberlos abandonado totalmente, ha vuelto a integrar en la novela algunos elementos propios de las narraciones tradicionales, sobre todo la recuperación de la «historia», como elemento esencial del relato. Por lo demás, Guelbenzu se nos muestra dueño de unos procedimientos perfectamente dominados y de un lenguaje pleno y ajustado en cada momento a los temas y a las situaciones que nos propone.

El argumento, cuya recuperación se inició ya en novelas anteriores, todavía en *El río de la luna* se reduce a unos acontecimientos muy simples, pues, en realidad, lo que continúa interesando a Guelbenzu no es la «historia» en sí, sino el plasmar a través de unos sucesos cronológicamente rotos, una serie de temas que, por otra parte, le son característicos. El asunto de esta novela es, pues, sencillo: un hombre se ha citado con una mujer —Teresa— con la que tuvo relaciones catorce años atrás; mientras llega el momento (una noche y primeras horas del día siguiente) rememora un acontecimiento de su infancia y hace un recuento de las mujeres que más influyeron a lo largo de su vida. Todas estas experiencias sexuales, sin embargo, serán sólo un remedo de las relaciones mantenidas con Teresa, mujer que condicionó el resto de su existencia, pues se convirtió en un ideal ante el que todas las demás perdían en la comparación. Finalmente, el reencuentro tiene lugar. Pasan juntos un día entero y tras la separación, ya por la noche, el protagonista es asesinado.

Si bien el argumento como tal es sencillo, la forma de contarlo resulta compleja y no se corresponde con las formas tradicionales, por la disposición de los distintos elementos. La historia aparece totalmente descoyuntada, sin ninguna linealidad, y sólo al acabar de leer la novela podemos apreciar, mediante un montaje mental, el orden lógico de los acontecimientos. Así, el primer capítulo es desconcertante y, al igual que los dos siguientes, sólo encuentra pleno sentido, tanto en lo formal como en lo significativo, al leer el quinto y último capítulo.

En el primer capítulo encontramos junto a los hechos de Fidel un ex-

traño relato de clima denso y tortuoso, contado por un «recitador», al que
se alude en el fragmento aquí transcrito. Dicho relato es una extensa parábola sobre la vida humana y sobre la existencia personal de cada hombre.
En él experimenta José —el adolescente que lo protagoniza— el terror,
la ansiedad, la inseguridad y la humillación de quien no ha recibido sino
golpes, en un mundo sin sentido, tan absurdo como un laberinto en el que
el hombre acaba sintiéndose atrapado y buscando desesperadamente una
salida imposible de hallar, porque tal vez no existe o, acaso, sólo el azar
podría facilitarla.

A lo largo de este simbólico relato puede observarse cómo cada hombre busca la felicidad sin conseguirla nunca, aunque persiguiendo siempre
un «instante» apenas identificable, un instante de dicha que fue la existencia toda para cada individuo, un instante único e irrepetible en que se lo-
gra la «armonía» y, por ende, la felicidad: tal vez la «llamada de la luna»,
siempre invariable e idéntica a sí misma. En la frenética búsqueda de ese
momento de plenitud, el hombre puede ser engañado, golpeado, castrado
de un modo u otro, aterrorizado, y al final sólo es posible la desaparición
o la muerte, en medio del abatimiento, de un «abrasado desencanto», del
«desgarro» y de la «soledad» (p. 69).

Ahora bien, lo admirable de este patético relato, angustioso como una
pesadilla, es que se enlaza estrechamente con el resto de la novela, aunque
en una lectura superficial pueda no parecerlo. En dicho relato, el «recitador» introduce situaciones, personajes y estados de ánimo muy similares
a los que luego experimentará el protagonista, Fidel, según reconoce ex-
plícitamente mientras escucha la historia del «recitador», y luego en el fragmento aquí aportado:

> Era una historia que nunca antes había escuchado y que con dulce
> lentitud [...] evocaba sensaciones que, si bien le eran extrañas en tanto
> que pertenecientes a los distintos episodios, no dejaba de reconocer-
> los, aunque indefinibles aún, en sí mismo, en algunos de los miste-
> riosos recovecos de la memoria; las asociaba como un vaivén, melo-
> diosamente justas y cercanas (p. 59).

El relato, en efecto, evoca numerosos momentos similares a la experiencia vital de Fidel, aunque un tanto «indefinibles» según confiesa él mismo. Así Fidel, al filo de los cuarenta años escucha un relato protagonizado
por su primo José, de catorce años, aunque como luego veremos ambos
tienen la misma edad en la «vida real»; aparece también «el hombre de
la cicatriz», al que veremos después en otras páginas como amante de Teresa siete años antes de que ésta conociera a Fidel; además, en esa narra-

ción del primer capítulo, se nos habla de un amor absorbente, pero perdido, como le ocurrirá después al propio Fidel; vemos también que el «recitador» posee un anillo de forma de serpiente —símbolo de plenitud, armonía y perfección (el anillo), y de sabiduría, identidad y ritmo cósmico (la serpiente)— que muchas páginas adelante, en el fragmento transcrito, recordará Fidel al ver el de la boda en la mano de Teresa. Por todo ello y por su carácter parabólico, por la «indefinición» de cuanto en él se relata, por la presencia de un extraño «recitador» a quien nunca conoceremos, todo el relato inicial aparece como una premonición, a la vez que nos muestra la poética sugerencia del misterio y del símbolo, hasta llevarnos a ese rasgo tan peculiar de Guelbenzu, como es la confusión entre lo real, lo imaginado y lo soñado.

Como nexos formales entre el relato del «recitador» y el resto del libro, sólo encontramos algunos personajes, el «tiempo» —en secuencias alternativas con dicha narración, vemos a Fidel escuchando el relato y deambulando por el hotel—, el anillo del «recitador» y los títulos del primero y último capítulo, así como el clima físico de ambas situaciones (viento, temporal y lluvia); y finalmente una «addenda», terminado el relato, en donde se nos narra una experiencia amorosa habida en Madrid, durante unas semanas, sin aparente relación con el resto de la novela, que solamente adquirirá pleno sentido al contar Teresa casi al final del libro, sus relaciones con el hombre de la cicatriz (p. 325).

La obra adquiere así una estructura cerrada y fuertemente trabada, en la que cada elemento tiene una función y una significación perfectamente determinada. Si José, el protagonista del relato del «recitador», lleva a cabo la búsqueda angustiosa de una salida que dé sentido a esa repetición inútil de salas y escenarios —el viejo mito del laberinto—, a través de unas relaciones humanas frustrantes, crueles y desalentadoras; en el relato que propone Guelbenzu, Fidel Euba buscará también lo mismo, a través de unas relaciones amorosas —de fuerte erotismo, casi siempre—, que, salvo en una ocasión, resultarán también frustrantes y tristes.

El segundo capítulo, aparentemente también desligado del resto, nos narra una aventura del protagonista, de niño, vivida durante un verano junto a su primo José. Ambos deciden afrontar una experiencia que, como todas las de la novela, resultará amarga, sobre todo para Fidel, pues recibirá una brutal paliza por parte de su padre, presentado como un hombre violento, intolerante, rígido, impositivo y dictatorial. Considerado desde el punto de vista formal, este capítulo apenas ofrece conectores con el resto de la novela e, incluso, produce alguna confusión inicial al encontrar a los dos primos —Fidel y José, de la misma edad— protagonizándolo, después de haber visto unas páginas antes a Fidel Euba con casi cuarenta años y a su primo José, con catorce. Acostumbrados como estamos a las roturas cronológicas, al descoyuntamiento del relato y a la presencia de elementos desrealizadores (alegorías, parábolas, sueños, etc.), no nos extrañan demasiado dichas incongruencias que, sin duda tienen un significado simbólico.

¿Cuál es, pues, la función de este segundo capítulo? En primer lugar, aparecen en él personajes que luego tendrán algo que ver —no mucho, ciertamente— con los demás sucesos que acontecen al protagonista, Fidel Euba. En segundo lugar, sirve para mostrar una vez más de qué forma la intolerancia y la crueldad gratuita imperan en el mundo y, concretamente, en la vida de Fidel, de manera que esto mismo justifica su posterior búsqueda de la «armonía», a través del amor. En tercer lugar, aun sin una clara trabazón formal y conceptual, se da entrada al recuerdo de la niñez, lo cual es necesario para que el lector conozca toda la vida de Fidel y para que él la asuma también completamente, pudiendo considerar la niñez como la base de toda actitud posterior, capaz de justificar cualquier forma de conducta en los años de la madurez: búsqueda del «yo», de lo más sincero y auténtico, con riesgo incluso de causar daño y de hacérselo uno mismo; rechazo de la humillación, rechazo de la crueldad, de la intolerancia, y, finalmente, búsqueda de la armonía del «yo» consigo mismo y con el mundo circundante. Por último, y en cuarto lugar, la incorporación al relato de una aventura de la niñez resulta imprescindible dentro de esta larga rememoración de Fidel, pues la vida ha de asumirse en su totalidad, y sólo la «memoria» nos la puede entregar de forma plena. En su novela *El pasajero de ultramar* (1976) —ejercicio de recuperación del «yo» a través de la memoria—, nos dice Guelbenzu:

> Perder la memoria es, en cierto modo, perder el norte. Perdida la memoria, el tiempo diario no tiene asideros [...] No sé si hablo de la memoria al modo usual, me refiero a esa conciencia de un camino hecho y cuya existencia no es tanto el recuerdo en sí cuanto la confianza de saberlo asumido, bien o mal realizado, pero asumido. Es a partir de ese momento cuando la memoria se vivifica: porque eres tú mismo (pp. 15-6).

Y casi al final de esa misma novela, dirá aún: «¿Quién es un hombre [...] que ha perdido su memoria?» De ahí, la necesidad de todo individuo de recordar la infancia y la adolescencia, para «coordinar y reconocer de dónde procede» (p. 152).

Vemos así como el segundo capítulo —formalmente casi exento de elementos conectores con el resto de la novela— se nos carga de sentido y de significación, aportando una parte de la existencia, inexcusable para comprender en su totalidad la conducta y la personalidad del personaje.

El tercer capítulo narra la relación amorosa entre Fidel y Teresa, mantenida a lo largo del mes de agosto de 1961 (véase la página 314), estúpidamente rota, aunque quede justificada más tarde dicha ruptura —último capítulo— por la forma de ser de Teresa: espíritu independiente, que no entiende otra forma de relación humana que la mantenida en libertad y en consciente donación del «yo», sin esperar nada a cambio y sin someterse a ninguna forma de obligatoriedad moral, social, o de cualquier otro tipo, ya sea el amor, la amistad o la costumbre.

Este tercer capítulo es el eje argumental de la novela y, sin embargo, tampoco adquiere sentido pleno hasta que no se leen los dos restantes, pues los tres primeros parecen no tener relación entre sí, dando a la novela hasta la página 215 un tono absurdo e incoherente, de forma que sólo empieza a tener todo sentido, al leer el cuarto —que justifica el tercero— y al leer el último en el que se reorganizan y unifican todos los elementos, tanto formales como significativos.

El cuarto capítulo es para Fidel Euba, en su búsqueda frenética del amor, entendido este como tabla de salvación, el equivalente a esa otra búsqueda angustiosa que realiza en el primer capítulo su primo José, dentro de la historia narrada por el «recitador». Ahora, va contándonos Fidel sus experiencias amorosas más significativas, desde sus primeros escarceos adolescentes y juveniles hasta que conoció a Teresa, cuyas relaciones se contaron en el tercero; y luego, desde el abandono de Teresa hasta el momento «actual», en que ha vuelto a establecer una cita. Días y años de búsqueda, de desasosiego, de desaliento, de fugas (no otra cosa eran sus cambios de ciudad, de amistades, de mujeres y de trabajo) y de desesperanza, en el intento de hallarse a sí mismo encontrando otra relación similar a la mantenida con Teresa, siempre invariable y fiel a sí misma. Es ahora cuando encuentra pleno valor la cita de Robert Graves, que antecede al primer capítulo:

> El Sol se debilita o fortalece a medida que el año sigue su curso, las ramas del árbol están ora cargadas, ora desnudas, pero la luz de la Luna es invariable. Ella es imparcial: destruye o crea con el mismo apasionamiento (p. 157);

y esta se completa con el texto que aporta, de Propercio, al final de dicho capítulo, tras la separación:

> Para mí, ni amar a otra ni de esta desistir es posible: Cintia fue
> la primera, Cintia será el final (p. 213).

Y así se cumple exactamente. Cintia-Teresa fue la primera que le llenó confundiéndose con él, y Teresa sería también la última y la única, en realidad, dada la armonía de su carácter «invariable» e «imparcial», como el de la luna, capaz de «destruir» y de «crear» a Fidel, siempre «con el mismo apasionamiento».

Así, en el quinto capítulo se produce el reencuentro y nuevamente hacen el amor por última vez. El reencuentro da lugar a Guelbenzu a plantear otro de sus temas queridos: la fidelidad/infidelidad —recuérdese el nombre del protagonista— y el desencanto que conlleva todo intento de reproducir el pasado.

Si las relaciones entre las diversas partes de la novela son complejas, también lo son otros factores como el «tiempo» y la distribución por secuencias. Veamos ahora estos aspectos.

Del mismo modo que la línea argumental aparece rota por varios puntos, necesariamente el «tiempo» ha de estar también roto, en las mismas direcciones. Existe un tiempo objetivo —un día, aproximadamente—, marcado por el primero y el último capítulo; y un tiempo subjetivo, el tiempo del recuerdo que nos transporta a lo largo de casi cuarenta años —los del protagonista— y que se expresa durante las mismas horas en que éste rememora el pasado, salvo tres o cuatro que dedica al sueño y las que más tarde pasará junto a Teresa. Son, pues, poco más de veinticuatro horas, distribuidas así: unas dos o tres en las que escucha la historia del «recitador» y deambula por el hotel, antes de dormirse; tres o cuatro horas de sueño; seis o siete horas desde que despierta antes del amanecer hasta que llega el momento de encontrarse con Teresa; después, unas doce horas con ella; y, finalmente, tras la separación, otras dos horas aproximadamente en las que se emborracha y deambula entre la gente, hasta que es apuñalado y muere.

Por lo que respecta a la distribución del relato en secuencias, el asunto es algo más complejo, pues en el primer capítulo se nos ofrecen alternativamente la historia del «recitador» y los movimientos e impresiones de Fidel por el hotel, hasta quedarse dormido. Dicho capítulo lleva un añadido donde se exponen las relaciones entre Teresa y el «hombre de la cicatriz» y luego, en otra secuencia el despertar de Fidel antes de la madrugada. (véanse pp. 107, 306 y 359).

El segundo capítulo es sumamente simple y supone una narración lineal de una aventura infantil ya descrita, lo cual no deja de tener en mi

opinión un valor estilístico. Ofrece además una peculiaridad interesante:
«el punto de vista» adoptado es el de Fidel niño y no el del Fidel adulto.
Así, la fantasía y el mundo infantil, en contraste con el mundo de «los mayores», se ajusta al relato desde una perspectiva propia de la infancia. Es
realmente un niño —lenguaje, sensaciones, sentimientos, apreciación de
la realidad— quien «cuenta» la aventura, aunque el narrador siga siendo
el mismo, en tercera persona. De este modo se «incorporan» también al
relato personajes de otras novelas infantiles o juveniles, con los que José
y Fidel se identifican transformándose respectivamente en Timur y Yá-
ñez, o en el grumete Solís y el capitán Álvaro Correa, obligados a escapar
de los *eimuros* —monstruos terribles y peligrosos— (es decir, los padres de
ambos) en cuyas garras acabarán cayendo, pagando cara su aventura. Bello y sorprendente capítulo, cuya importancia significativa ya habíamos destacado.

En el tercero y cuarto capítulos son también lineales y las secuencias y se-
paraciones mayores en la distribución del espacio, se suceden sin crear ningún problema de lectura, salvo los que provoca el hecho de tener que «volver atrás» hacia la mitad del cuarto, para integrar el tercero en su lugar
—cronológicamente descolgado, al adelantar acontecimientos— y reenla-
zar éste con los restantes episodios amorosos del cuarto capítulo.

El quinto, sin embargo, vuelve a plantear algún problema, ya que tiene dos partes, cada una con sus correspondientes cortes y secuencias. La
primera comienza a las once de la mañana, con la descripción distante,
aunque «omnisciente», de un hombre —que resultará ser el protagonista—
en actitud de espera, con el cual se reunirá Teresa al final de la secuencia.
La segunda secuencia describe a Teresa vistiéndose a las nueve de la mañana para acudir a la cita con Fidel; la tercera —doce del mediodía— nos
lleva a la terraza de un bar sobre la playa, mientras rememoran el pasado.
La cuarta secuencia nos muestra de nuevo a Teresa saliendo de casa para
buscar el coche, recordando la conversación mantenida con su marido poco antes, acerca de su cita. La quinta secuencia nos devuelve a Fidel y Teresa, después del almuerzo, tendidos al sol. La sexta relata los pensamientos de Teresa mientras se dirige en su coche a la cita, recordando los temo-
res de su marido y la amenaza que éste hace si Fidel «la toca» (p. 326).
A partir de ahora deja de haber esta alternancia de tiempo presente y pasado y las seis secuencias restantes siguen una cronología lineal mostrán-
donos los hechos de Fidel y Teresa desde las seis de la tarde hasta el momento de la separación definitiva, hacia las once de la noche.

En la segunda parte de este quinto capítulo, la primera secuencia narra los pensamientos y las sensaciones de Fidel mientras deambula por ba-

res y por prados próximos a la villa. En la segunda secuencia es asesinado por un desconocido —acaso el marido de Teresa—, y en la tercera y la cuarta se le agolpan los recuerdos de toda su existencia pareciendo encontrar la «armonía» en el momento de su muerte, ante la presencia de la luna. En ese mismo instante, la quinta secuencia nos muestra a la madre de Fidel despertando sobresaltada en el Hospital donde su nuera acaba de dar a luz y la sexta secuencia nos muestra a Delia, la mujer de Fidel (hacía tiempo que no convivían) presintiendo su muerte y cogiendo la mano del recién nacido, que recibe entonces también «la llamada de la luna». Poético final, lleno de lirismo. Acaso Delia presiente que su hijo será su «río de la luna», es decir, el instante dichoso que le devuelva su identidad y su armonía.

Cada capítulo tiene como hemos visto, una disposición diferente que necesita de la colaboración del lector para su comprensión; cada capítulo responde a un «tiempo» dislocado, se expone desde un «punto de vista» distinto y en alguna ocasión varían también las personas gramaticales del relato, pues, aunque predomina la tercera, todo el cuarto capítulo está narrado por el propio Fidel en primera persona. Todos estos rasgos así resumidos son propios de la novela experimental. Lo que en *El río de la luna* hay de tradicional es el psicologismo, el análisis de los sentimientos, la exposición de cuanto pasa por la mente del personaje, la «omnisciencia» del narrador; el que el autor sea, de hecho, el dueño absoluto del relato; y, como ya indicábamos al comienzo, una cierta recuperación del argumento, de la «historia», como elemento capaz de captar y de mantener el interés del lector. El lenguaje narrativo también ha perdido su carácter experimental: el «modo del relato» empleado es básicamente el más sencillo, el estilo directo, sin que se puedan apreciar otros procedimientos como el monólogo interior, con su sintaxis y su semántica caótica, o el uso del tú narrativo. También es técnica heredada de la novela tradicional el hecho de ajustar el lenguaje a las variaciones del relato, según se trate de partes discursivas o de partes dialogadas, buscando en el último caso la «propiedad» ya preconizada por los clásicos, mediante el adecuado «registro» y tratando de hallar una expresión especialmente cuidada, de sintaxis extensa y rica, en las partes discursivas. Como puede verse, la trayectoria de José M.ª Guelbenzu ha variado bastante desde su primera novela, *El Mercurio,* de 1968.

Pero si la forma, los procedimientos técnicos y el lenguaje han evolucionado, atemperando los experimentos, los temas favoritos de Guelbenzu siguen aflorando en ésta, como en anteriores novelas.

Nos encontramos, pues, con el hombre abocado a la búsqueda de su propia identidad, enfrentándose al medio circundante, a los demás y a sí mismo con una sinceridad que resulta incluso dolorosa para todos. Es ese anhelo de armonía lo que empuja al hombre hacia este camino sin salidas:

> La armonía, finalmente, es algo que cuando uno la ha conocido ya no puede prescindir jamás de ella, hasta el extremo de que jamás deseará hacerlo y, lo que para él es más grave, jamás la obtendrá de nuevo de otro modo que como la obtuvo: mereciéndosela, pues no es un bien que pueda adquirirse por medio de la cantidad, sino de la calidad [...] Nadie se libra de volver a buscar la armonía, lo cual otorga sentido a toda una vida; sobre todo a una vida noble y libre acorde con la Naturaleza [...] yo no supe franquear la puerta que conduce a sus dominios y ahora no soy capaz de reconocerla. Dicen que, en algún punto, la atraviesa el río de la luna (p. 299).

Y en el caso de Fidel, la luna, como símbolo de elevación, de plenitud, de fidelidad a sí mismo —la luna es siempre «invariable», recordemos— no es otra cosa que la armonía y esta a su vez, no podía hallarse de otro modo que mediante el amor de/con Teresa, superpuesta a todas las demás mujeres, fiel a una «lealtad», una «fidelidad esencial», «cierta y tremenda como la propia fuerza de la Naturaleza» (p. 322), según le confiesa Fidel, obteniendo la siguiente respuesta:

> —¡Ah, no! —dijo Teresa melodiosamente—. Yo *era* todas ellas, seguro, y ellas eran yo. Sólo que tú no sabías verme más que a mí. ¡Qué tonto! (p. 318).

El problema consiste en saber percibir ese momento único en que la luna, la armonía, se nos aparece como tabla de salvación, y en saberla reencontrar cuando, pasado ese instante prodigioso —identidad personal y realidad exterior armónicamente conjuntadas—, la «luna» desaparece. Cuando José se encuentra perdido en el laberinto de salones y de objetos, percibe un instante la luna y, luego de perderla, la buscará frenéticamente sin hallarla. Su problema sólo se resolverá con la «desaparición» de ese mundo en el que fue involuntariamente introducido, es decir, con la pérdida del *ser* (véanse las pp. 86-7 y 101). Cuando Fidel, en su incesante búsqueda de Teresa, persigue su identidad y la armonía a través de múltiples relaciones armorosas, tampoco las hallará y sólo la muerte le sacará de este mundo en el que no ha conseguido encontrarse a sí mismo. No es posible, por tanto, navegar en «el río de la luna», porque no existe o, acaso, es sólo una sensación percibida por un instante, imposible de recuperar. De ahí, el desaliento, la desesperanza, el desencanto absoluto de la vida ante la imposibilidad de *ser* auténticamente. Por eso, también, la infelicidad. Y este relato que se abre con una cita de Ezra Pound —«O moon my pin-up»— y se cierra poéticamente con la llamada de la luna, siempre presente en la novela, resulta a la postre tan descorazonador como la historia del muchacho enredado en el laberinto para quien ya «da lo mismo buscar que no», pues «la honestidad o la fe que, a menudo, crees ver frente a ti no es sino el reflejo de las tuyas que un cuerpo opaco devuelve; y vuelves a introducir en tu caja el desgarro y la soledad como un mono imbécil y ansioso de buscar afuera lo que lleva dentro y no sabe reconocer; esa es la consecuencia última y, como tal, aparece al final de todo, en el reino de la desesperanza» (p. 69). «El azar es quien determina, como prefieren decir algunos, o quien existe, como acostumbro a decir yo. No es suyo ni es mío ni es de nadie en particular» (p. 99). Y es de esta forma como la angustia acaba envolviendo al hombre y anonadándolo, hasta hacerle imposible el encuentro de la felicidad en su armonía.

Otros temas corrientes en Guelbenzu están también presentes en esta novela: la confusión entre lo real y lo soñado; lo visto y lo presentido, hasta la paranoia; la confusión entre la vida y la muerte, capaz de llevar a algo tan terrible como una «vida muerta» (p. 55); la incapacidad de asumir el «tiempo»; la crueldad gratuita del hombre con el hombre; el desencanto absoluto; la soledad, el hundimiento y, sobre todo, la imposibilidad de *ser* realmente uno mismo, por más que cada cual se lo pueda proponer.

La conclusión ha de ser totalmente negativa: vivimos en el mundo del no-ser, de la inautenticidad y de la mentira. Nos han engañado (p. 95) y no hay «salidas»; sólo dolor y crueldad. Nuestro mundo es «el reino de la desesperanza».

BIBLIOGRAFÍA

A) EDICIONES DE LOS TEXTOS

(Los fragmentos citados en el interior del libro corresponden a las ediciones precedidas de un asterisco, cuando se dan varias de un mismo texto).

Arconada, César M.: *Río Tajo,* Madrid, Akal, 1977.

_____: *La turbina,* pról. de Gonzalo Santonja, Madrid, Turner, 1975.

Ayala, Francisco: *Los usurpadores. La cabeza del cordero,* int. de Andrés Amorós, Madrid, Espasa-Calpe, 1978.

_____: *Muertes de perro,* Madrid, Alianza, 1969.

_____: *El fondo del vaso,* Madrid, Alianza, 1970.

Ayerra, Ramón: *La tibia luz de la mañana,* Barcelona, Laia, 1980.

_____: *Los terroristas,* Barcelona, Planeta, 1981.

Belda, Joaquín: *Memorias de un somier,* Madrid, Biblioteca Hispania, 3.ª ed., 1917.

_____: *La coquito,* Pamplona, Ediciones Peralta, 1978.

Benet, Juan: *Volverás a Región,* Barcelona, Destino, 1967.

_____: *Una meditación,* Barcelona, Seix Barral, 1970.

_____: *Un viaje de invierno,* ed. de Diego Martínez Torrón, Madrid, Cátedra, 1980.

_____: *La otra casa de Mazón,* Barcelona, Seix Barral, 1973.

_____: *El aire de un crimen,* Barcelona, Planeta, 1980.

_____: *Herrumbrosas lanzas,* Madrid, Alfaguara, 1983.

Caballero Bonald, José Manuel: *Dos días de septiembre,* Barcelona, Seix Barral, 1962.

_____: *Ágata, ojo de gato,* Barcelona, Barral Editores, 2.ª ed., 1975.

_____: *Toda la noche oyeron pasar pájaros,* Barcelona, Planeta, 1981.

Carranque de los Ríos, Andrés: *Cinematógrafo,* Madrid, Espasa-Calpe, 1936.

_____: *La vida difícil,* pról. de J.L. Fortea, Madrid, Turner, 1975.

Cela, Camilo José: *La familia de Pascual Duarte,* ed. de Jorge Urrutia, Barcelona, Planeta, 1977.

_____: *La Colmena,* ed. de Darío Villanueva, Barcelona, Noguer, ed. 40, 1983.

_____: *Vísperas, festividad y octava de San Camilo del año 1936 en Madrid,* Madrid, Alfaguara, 1969.

_____: *Oficio de Tinieblas 5,* Barcelona, Noguer, 1973.

_____: *Rol de cornudos,* Barcelona, Noguer, 1976.

_____: *Mazurca para dos muertos,* Barcelona, Seix Barral, 1983.

Ciges Aparicio, Manuel: *Los caimanes,* pról. de José Esteban, Madrid, Turner, 1976.

Delibes, Miguel: *El camino,* Barcelona, Destino, 3.ª ed., 1963.

_____: *Las ratas,* Barcelona, Destino, 1970 (Ed. para Discolibro).

_____: *La hoja roja,* Barcelona, Salvat, 1969.

_____: *Cinco horas con Mario,* Barcelona, Destino, 1966.

_____: *Parábola del náufrago,* Barcelona, Destino, 3.ª ed., 1971.

_____: *Las guerras de nuestros antepasados,* Barcelona, Destino, 1975.

_____: *El disputado voto del señor Cayo,* Barcelona, Destino, 1978.

_____: *Los santos inocentes,* Barcelona, Planeta, 1981.

Díaz-Fernández, José: *El blocao,* pról. de Víctor Fuentes, Madrid, Turner, 1976.

_____: *La venus mecánica,* ed. de José Manuel López de Abiada, Barcelona, Laia, 1980.

Espina, Concha: *Altar mayor,* pról. del P. Félix García, Madrid, Aguilar, 1951.

_____: *La esfinge maragata,* Madrid, Aguilar, 3.ª ed., 1962.

Fernández Santos, Jesús: *Los bravos,* Valencia, Castalia, 1954.

_____: *Libro de la memoria de las cosas,* Barcelona, Destino, 1971.

_____: *Extramuros,* Barcelona, Argos-Vergara, 1978.

_____: *Cabrera,* Barcelona, Plaza y Janés, 1981.

Foxá, Agustín de: *Madrid, de corte a checa,* Madrid, Prensa Española, 7.ª reimp., 1976.

García Hortelano, Juan: *Nuevas amistades,* Barcelona, Seix Barral, 1959.

_____: *Tormenta de verano,* Barcelona, Seix Barral, 1962.

_____: *El gran momento de Mary Tribune,* Barcelona, Bruguera, 1979.

_____: *Gramática Parda,* Barcelona, Argos-Vergara, 1982.

García Serrano, Rafael: *La fiel infantería,* Barcelona, Planeta, 1980.

_____: *Eugenio o la proclamación de la primavera,* Barcelona, Planeta, 1982.

Gómez de la Serna, Ramón: *El chalet de las rosas,* Madrid, Ediciones del Centro, 1975.

_____: *El doctor inverosímil,* Barcelona, Destino, 1981.

_____: *El incongruente,* Barcelona, Picazo, 1972.

_____: *La mujer de ámbar,* Madrid, Espasa-Calpe, 8.ª ed., 1981.

_____: *La quinta de Palmyra,* ed. de Carolyn Richmond, Madrid, Espasa-Calpe, 1982.

_____: *El torero Caracho,* Madrid, Espasa-Calpe, 1969.

_____: *La Nardo,* Barcelona, Bruguera, 1980.

Goytisolo, Juan: *El circo,* Barcelona, Destino, 3.ª ed., 1972.

_____: *Campos de Níjar,* Barcelona, Seix Barral, 1973.

_____: *Señas de identidad,* Barcelona, Seix Barral, 1976.

_____: **Señas de identidad,* México, Joaquín Mortiz, 4.ª ed., 1975.

_____: *Reivindicación del conde don Julián,* Barcelona, Seix Barral, 1977.

_____: *Juan sin tierra,* Barcelona, Seix Barral, 1975.

_____: *Makbara,* Barcelona, Seix Barral, 1975.

_____: *Crónicas sarracinas,* París, Ruedo Ibérico, 1982.

Goytisolo, Luis: *Las afueras,* Barcelona, Seix Barral, 5.ª ed., 1976.

_____: *Recuento,* Barcelona, Seix Barral, 1976.

_____: *Los verdes de mayo hasta el mar,* Barcelona, Seix Barral, 1976.

_____: *La cólera de Aquiles,* Barcelona, Seix Barral, 1979.

_____: *Teoría del conocimiento,* Barcelona, Seix Barral, 1981.

Granell, Eugenio F.: *La novela del Indio Tupinamba,* Madrid, Fundamentos, 1982.

Guelbenzu, José María: *El mercurio,* Barcelona, Seix Barral, 1968.

_____: *El mercurio,* Barcelona, Argos Vergara, 1982.

_____: *Antifaz,* Barcelona, Seix Barral, 1970.

_____: *La noche en casa,* Madrid, Alianza, 1977.

_____: *El pasajero de ultramar,* Madrid, Alianza, 1982.

_____: *El río de la luna,* Madrid, Alianza, 2.ª ed., 1982.

Herrera Petere, José: *Acero de Madrid,* Barcelona, Laia, 1979.

Hoyos y Vinent, Antonio de: *El monstruo,* Madrid, Cosmópolis, 1927.

Jarnés, Benjamín: *El convidado de papel,* Zaragoza, Guara, 1979.

Laforet, Carmen: *Nada,* Barcelona, Destino, 1945.

_____: *La insolación,* Barcelona, Planeta, 1963.

_____: *La llamada,* Barcelona, Destino, 1966.

León, Ricardo: *Casta de hidalgos,* Madrid, Espasa-Calpe, 3.ª ed., 1960.

_____: *El amor de los amores,* Madrid, Espasa-Calpe, 4.ª ed., 1969.

Leyva, José: *Leitmotiv,* Barcelona, Seix Barral, 1972.

_____: *Heautontimoroumenos,* Madrid, Taller Ediciones J.B., 1973.

_____: *La calle de los árboles dormidos,* Madrid, Taller Ediciones J.B., 1974.

López de Haro, Rafael: *Los nietos de los celtas,* Madrid, Biblioteca Nueva, sin fecha (¿1917?).

López Pinillos, José («Pármeno»): *Las águilas,* Madrid, Alianza, 1967.

_____: *La sangre de Cristo,* pról. de Sergio Beser, Barcelona, Laia, 1974.

_____: *Doña Mesalina,* pról. de José Carlos Mainer, Madrid, Turner, 1975.

_____: *El luchador,* Madrid, Saltés, 1976.

Marsé, Juan: *Últimas tardes con Teresa,* Barcelona, Bruguera, 1980.

_____: *La oscura historia de la prima Montse,* Barcelona, Seix Barral, 1970.

_____: *Si te dicen que caí,* ed. de William Sherzer, Madrid, Cátedra, 1982.

_____: *Un día volveré,* Barcelona, Plaza y Janés, 1982.

Martín Santos, Luis: *Tiempo de silencio,* Barcelona, Seix Barral, 10.ª ed., 1974.

_____: *Tiempo de destrucción,* Barcelona, Seix Barral, 1975.

Mendoza, Eduardo: *La verdad sobre el caso Savolta,* Barcelona, Seix Barral, 1975.

_____: *El misterio de la cripta embrujada,* Barcelona, Seix Barral, 1979.

_____: *El laberinto de las aceitunas,* Barcelona, Seix Barral, 1982.

Miró, Gabriel: *Las cerezas del cementerio,* Madrid, Biblioteca Nueva, 4.ª ed., 1973.

_____: *Libro de Sigüenza. Jornadas de este caballero levantino,* Madrid, Guadarrama, 1969.

_____: *El humo dormido,* ed. de Vicente Ramos, Madrid, Cátedra, 1978.

_____: *Nuestro padre San Daniel. El Obispo leproso,* Madrid, Alianza, 1969.

_____: *Años y Leguas,* Barcelona, Salvat, 1970.

_____: *Novelas cortas completas,* est. de Víctor Oller, Madrid, Felmar, 2 vols., 1976.

Nieto, Ramón: *La señorita,* Barcelona, Seix Barral, 1974.

Ortiz, Lourdes: *Luz de la memoria,* Madrid, Akal, 1976.

_____: *En días como estos,* Madrid, Akal, 1981.

Pérez de Ayala, Ramón: *Tinieblas en las cumbres,* ed. de Andrés Amorós, Madrid, Castalia, 1981.

_____: *A.M.D.G.,* ed. de A. Amorós, Madrid, Cátedra, 1983.

_____: *La pata de la raposa,* ed. de A. Amorós, Barcelona, Labor, 1970.

_____: *Troteras y danzaderas,* ed. de A. Amorós, Madrid, Castalia, 1973.

_____: *Prometeo. Luz de domingo. La caída de los limones,* Madrid, Aguilar, 1968.

_____: *Belarmino y Apolonio,* ed. de A. Amorós, Madrid, Cátedra, 1976.

_____: *Luna de miel, luna de hiel. Los trabajos de Urbano y Simona,* ed. de A. Amorós, Madrid, Alianza, 1969.

_____: *Tigre Juan. El curandero de su honra,* ed. de A. Amorós, Madrid, Castalia, 1980.

Porcel, Baltasar: *Caballos hacia la noche,* Barcelona, Plaza y Janés, 1977.

Romero, Luis: *La noria,* Barcelona, Destino, 1952.

Salinas, Pedro: *Narrativa completa* (volumen preparado por Soledad Salinas de Marechal), Barcelona, Barral Editores, 1976.

Sánchez Espeso, Germán: *Experimento en Génesis,* Barcelona, Seix Barral, 1967.

_____: *Laberinto levítico,* Barcelona, Seix Barral, 1972.

_____: *Narciso,* Barcelona, Destino, 1979.

_____: *Síntomas de éxodo,* Barcelona, Seix Barral, 1969.

_____: *Paraíso,* Madrid, Emiliano Escolar, 1981.

Sánchez Ferlosio, Rafael: *Industrias y andanzas de Alfanhuí,* Barcelona, Destino, 1961.

_____: *El Jarama,* Barcelona, Destino, 9.ª ed., 1969.

Semprún, Jorge: *Autobiografía de Federico Sánchez,* Barcelona, Planeta, 1977.

Sender, Ramón J.: *Imán,* Barcelona, Destino, 2.ª ed., 1983.

_____: *Mr. Witt en el cantón,* Madrid, Alianza, 1968.

_____: *Contraataque,* Salamanca, Almar, 1978.

_____: *Los cinco libros de Ariadna,* Barcelona, Destino, 1977.

_____: **Réquiem por un campesino español,* Buenos Aires, Proyección, 5.ª ed., 1971.

_____: *Réquiem por un campesino español,* Barcelona, Destino, 1974.

_____: *El bandido adolescente,* Barcelona, Destino, 1965.

_____: *La aventura equinoccial de Lope de Aguirre,* Madrid, Emesa, 1967.

_____: *Crónica del Alba,* Madrid, Alianza, 1971.

_____: *Carolus Rex,* Barcelona, Destino, 1976.

_____: *En la vida de Ignacio Morel,* Barcelona, Planeta, 1970.

_____: *Ensayos sobre el infringimiento cristiano,* Madrid, Editora Nacional, 1975.

_____: *Álbum de radiografías secretas,* Barcelona, Destino, 1982.

Torrente Ballester, Gonzalo: *Los gozos y las sombras,* Madrid, Alianza, 1972.

_____: *Don Juan,* Barcelona, Destino, 1963.

_____: *Off-side,* Barcelona, Destino, 1969.

_____: *La Saga-fuga de J. B.,* Barcelona, Destinolibro, 2.ª ed., 1981.

_____: *Fragmentos de Apocalipsis,* Barcelona, Destino, 1981.

_____: *La isla de los Jacintos cortados,* Barcelona, Destino, 1981.

Trigo, Felipe: *Jarrapellejos,* pról. de Rafael Conte, Madrid, Turner, 1975.

_____: *El médico rural,* pról. de José Bergamín, Madrid, Turner, 1974.

Tusquets, Esther: *El mismo mar de todos los veranos,* Barcelona, Lumen 1981.

_____: *El amor es un juego solitario,* Barcelona, Lumen, 2.ª ed., 1979.

_____: *Varada tras el último naufragio,* Barcelona, Lumen, 1980.

Umbral, Francisco: *Las ninfas,* Barcelona, Destino, 1976.

_____: *Los helechos arborescentes,* Barcelona, Argos-Vergara, 1980.

_____: *La bestia rosa,* Barcelona, Tusquets, 1981.

Vaz de Soto, José María: *Fabián,* Madrid, Akal, 1977.

_____: *El infierno y la brisa,* Madrid, Saltés, 1978.

_____: *Fabián y Sabas,* Barcelona, Argos-Vergara, 1982.

Vázquez Montalbán, Manuel: *La soledad del manager,* Barcelona, Planeta, 1977.

_____: *Asesinato en el comité central,* Barcelona, Planeta, 1981.

_____: *Los mares del sur,* Barcelona, Planeta, 1981.

Zamacois, Eduardo: *Obras selectas,* int. de F. Sainz de Robles, Barcelona, A.H.R., 2.ª ed., 1973.

B) ESTUDIOS

Abellán, Manuel (1976): «Censura y producción literaria inédita», *Insula,* 359, p. 3.

Albéres, R. M. (1972): *Panorama de las literaturas europeas,* Madrid, ALBORAK.

Albert Robatto, Matilde (1977): *La creación literaria de Juan Goytisolo,* Barcelona, Planeta.

Alborg, Juan Luis (1968): *Hora actual de la novela española,* Madrid, 2.ª ed., 2 vols. Taurus.

Álvarez Palacios, Fernando (1975): *Novela y cultura española de postguerra,* Madrid, Edicusa.

Ambrogio, Ignacio (1975): *Ideología y técnicas literarias,* Madrid, Akal.

Amorós, Andrés (1976): *Novela española actual,* Madrid, Fundación Juan March.

—————— (1972): *La novela intelectual de Pérez de Ayala,* Madrid, Gredos.

—————— (1971): *Introducción a la novela contemporánea,* Madrid, Anaya, 2.ª ed.

Aparicio López, Teófilo (1979): *Veinte novelistas españoles contemporáneos: estudios críticos,* Valladolid, Estudio Agustiniano.

Aranda, Francisco (1981): *El surrealismo español,* Barcelona, Lumen.

Arce, Carlos de (1972): *Grandeza y servidumbre de veinte premios «Planeta»,* Barcelona, Picazo.

Arturo Vargas, Manuel (1972): *James Joyce,* Madrid, E.P.E.S.A.

Ayala, Francisco (1970): *Reflexiones sobre la estructura narrativa,* Madrid, Taurus.

Baquero Goyanes, Mariano (1970): *Estructuras de la novela actual,* Barcelona, Planeta.

Barbero, Teresa (1973): *Gabriel Miró,* Madrid, E.P.E.S.A.

Bardavío, José M.ª de (1976): «Los 'núcleos de coherencia'. Aproximación al problema de las unidades mínimas del relato», en el colectivo *Teoría de la Novela,* Madrid, S.G.E.L., pp. 291-304.

Basanta, Ángel (1981): *Literatura de la postguerra: la novela,* Madrid, Cincel.

Becker, A. W. (1958): *El hombre y su circunstancia en las obras de Gabriel Miró,* Madrid, Revista de Occidente.

Beneyto, Antonio (1975): *Censura y política en los escritores españoles,* Barcelona, Euros.

Bernstein, J. S. (1972): *Benjamín Jarnés,* New York, Twayne.

Blanco Aguinaga, Carlos; Rodríguez Puértolas, Julio; Zavala, Iris (1979): *Historia social de la Literatura española,* Madrid, Castalia, 3 vols.

Bloch-Michel, J. (1967): *La nueva novela,* Madrid, Guadarrama.

Bobes Naves, M.ª del Carmen (1977): *Gramática textual de «Belarmino y Apolonio»,* Madrid, Cupsa.

Bonet, Laureano (1972): *De Galdós a Robbe-Grillet,* Madrid, Taurus (Cuadernos).

Bozal, Valeriano (1969): «La edición en España. Notas para su historia» en *Treinta años de Literatura, Cuadernos para el Diálogo,* XIV, pp. 85-93.

Brown, G. G. (1974): *Historia de la Literatura Española. El siglo XX,* vol. VI, Barcelona, Ariel.

Buckley, Ramón (1973): *Problemas formales en la novela española contemporánea,* Barcelona, Península, 2.ª ed.

_____ (1976): «La objetividad como meta», en el colectivo *Teoría de la Novela,* Madrid, S.G.E.L.

Camón Aznar, José (1973): *Ramón Gómez de la Serna en sus obras,* Madrid, Espasa-Calpe.

Cansinos Assens, Rafael (1927): *La nueva literatura,* Madrid, V.H. de Sanz Calleja.

Cantos Pérez, Antonio (1972): *La personalidad de Cela y la estructura de su obra narrativa,* Universidad de Granada.

Cardona, Rodolfo (1976): *Novelistas españolas de postguerra,* Ed. de _____, Madrid, Taurus.

Carenas, Francisco y Ferrando, José (1971): *La sociedad española en la novela de postguerra,* Nueva York, Eliseo Torres.

Carlisle, Charles R. (1976): *La novelística de Ignacio Aldecoa,* Madrid, Playor.

Carrasquer, F. (1971): *«Imán» y la novela histórica de Sender,* Londres, Támesis.

Castellet, José M.ª (1957): *La hora del lector,* Barcelona, Seix Barral.

Cejador Frauca, Julio (1915-1922): *Historia de la Literatura castellana* (14 vols., interesan especialmente los dos últimos), Madrid Revista de Archivos, Bibliotecas y Museos (existe edición facsímil en Gredos, en siete volúmenes).

Cendán Pazos, F. (1972): *Edición y comercio del libro español, 1900-1972,* Madrid, Editora Nacional.

Cerrada Carretero, Antonio (1982): «Las radiografías secretas de Ramón J. Sender», *Argumentos,* 51-52, pp. 84-7.

_____ (1982): «Crónica negra de una sociedad sórdida: 'Un día volveré'», *Argumentos,* 50, pp. 66-9.

Cisquella, Georgina y otros (1977): *Diez años de represión cultural. La censura de libros durante la Ley de Prensa (1966-1976),* Barcelona, Anagrama.

Clavería, Carlos (1945): «Apostillas al lenguaje de 'Belarmino y Apolonio'», en *Cinco estudios de literatura española moderna,* Salamanca.

Clotas, Salvador (1969): «Meditación precipitada y no premeditada sobre la novela en lengua castellana», en *Treinta años de literatura, Cuadernos para el Diálogo,* XIV, pp. 7-18.

Conde Gargollo, Enrique (1980): *El mundo poético de Gabriel Miró,* Zamora, Montecasino.

Conte, Rafael (1969): *La novela española del exilio,* Barcelona, Sopena.

Díaz, Janet (1971): *Miguel Delibes,* New York, Twayne.

Díaz Plaja, Guillermo (1975): *Estructura y sentido del novecentismo español,* Madrid, Alianza.

Domingo, José (1973): *La novela española del siglo XX,* Barcelona, Labor.

Entrambasaguas, Joaquín de (1965): *Las mejores novelas contemporáneas,* 2.ª ed., Barcelona, Planeta.

Escarpit, Robert (1968): *La revolución del libro,* Madrid, Alianza.

_____ (1974): *Hacia una sociología del hecho literario,* Madrid, Edicusa.

Estévez Zarazaga, José Manuel (1979): *Lenguaje educativo y teorías pedagógicas,* Madrid, Anaya.

Fernández Areal, M. (1968): *La libertad de prensa en España,* Madrid, Cuadernos para el Diálogo.

Fernández, Pelayo (1972): *Ramón Pérez de Ayala. Tres novelas analizadas,* Gijón, «Yepes».

Ferreras, Juan Ignacio (1970): *Tendencias de la novela española actual, 1931-1969;* seguidas de un catálogo de urgencia de novelas y novelistas de la postguerra española. París, Ediciones Hispanoamericanas.

_____ (1976): «Elementos de novelística», en el colectivo *Teoría de la Novela,* Madrid, S.G.E.L., pp. 405-30.

Forster, E. M. (1983): *Aspectos de la novela,* Madrid, Debate.

Foster, D.W. (1967): *Forms of the novel in Camilo José Cela,* Columbia University of Missouri Press.

García Sarriá, F. (1976): «El Jarama. Muerte y merienda de Lucita», *Bulletin of Hispanic Studies,* LIII, pp. 323-37.

García-Viñó, Manuel (1967): *Novela española actual,* Madrid, Guadarrama. (Hay segunda edición ampliada en 1975, Prensa Española.)

Gardiol, R. M. (1974): *Ramón Gómez de la Serna,* New York, Twayne.

Gil Casado, Pablo (1973): *La novela social española (1920-1970),* Barcelona, Seix Barral, 2.ª ed. aumentada.

Giménez, Alicia (1981): *Gonzalo Torrente Ballester,* Barcelona, Barcanova.

Godoy Gallardo, Eduardo (1979): *La infancia en la narrativa española de posguerra,* Madrid, Playor.

Goldmann, Lucien (1967): *Para una sociología de la novela,* Madrid, Ciencia Nueva.

Gómez de la Serna, Ramón (1943): *Ismos,* Buenos Aires, Poseidón.

González Calvo, José Manuel (1974): *La prosa de Ramón Pérez de Ayala,* Universidad de Salamanca.

Gould-Levine, Linda (1977): *Juan Goytisolo: la destrucción creadora,* Méjico, Joaquín Mortiz.

Goytisolo, Juan (1959): *Problemas de la novela,* Barcelona, Seix Barral.

_____ (1967): *El furgón de cola,* París, «Ruedo Ibérico».

Guillén, Jorge (1970): *En torno a Gabriel Miró. Breve Epistolario,* Madrid, Ediciones de Arte y Bibliofilia.

_____ (1972): «Lenguaje suficiente: Gabriel Miró» en *Lenguaje y Poesía,* Madrid, Alianza, 2.ª ed., pp. 143-79.

Gullón, Agnès (1981): *La novela experimental de Miguel Delibes,* Madrid, Taurus.

Gullón, Germán (1977): *El exilio español,* en *Historia de la Literatura Española,* vol. IV, Madrid, Taurus.

Hauser, Arnold (1969): *Historia social de la Literatura y el Arte,* Madrid, Guadarrama, 3 vols.

Hickey, Leo (1968): *Cinco horas con Miguel Delibes,* Madrid, Prensa Española.

_____ (1976): «Novela y sociedad» en el colectivo *Teoría de la Novela,* Madrid, S.G.E.L., pp. 455-91.

_____ (1978): *Realidad y experiencia de la novela,* Madrid, Cupsa.

Hoffman, F. J. (1955): *La novela moderna en Norteamérica (1900-1950),* Barcelona, Seix Barral.

Hurtado, J. y Palencia, A. G. (1949): *Historia de la Literatura española,* Madrid, Saeta, 6.ª ed.

Ibarrola, Alonso (1970): «Narrativa humorística española», en *Literatura Española. A treinta años del siglo XXI, Cuadernos para el diálogo,* XXIII, pp. 28-30.

Iglesias Laguna, Antonio (1969): *Treinta años de novela española (1938-1968),* Madrid, Prensa Española.

Ilie, Paul (1963): *La novelística de Camilo José Cela,* Madrid, Gredos.

Illanes Adaro, G. (1971): *La novelística de Carmen Laforet,* Madrid, Gredos.

Jover, José M.ª y otros (1967): *Introducción a la Historia de España,* Barcelona, Teide, 4.ª ed.

Lougoria, Francisco A. (1977): *El arte narrativo de Max Aub,* Madrid, Playor.

López Rodríguez, Francisco (1982): «Los santos inocentes», *Quimera,* 20, pp. 57-8.

_____ (1982): «Juan Marsé: entre vencedores y vencidos», *Quimera,* 21-22, pp. 66-9.

Lukács, György (1966): *Teoría de la novela,* Buenos Aires, Siglo XX.

_____ (1968): *Sociología de la Literatura,* Barcelona, Península.

Marco, Joaquín (1972): *La nueva literatura en España y América,* Barcelona, Lumen.

Martínez Cachero, José M.ª (1980): *La novela española entre 1939 y 1975,* Madrid, Castalia, 2.ª ed. muy aumentada.

_____ (1945): *Novelistas españoles de hoy,* Oviedo.

_____ (1967): «Prosistas y poetas novecentistas. La aventura del ultraísmo. Jarnés y los 'Nova novorum'», en *Historia General de las Literaturas Hispánicas,* Barcelona, Vergara, vol. VI.

Marra-López, José Ramón (1963): *Narrativa española fuera de España, 1939-1961,* Madrid, Guadarrama.

Matamoro, Blas (1983): «Alain Robbe-Grillet: la mirada sin rostro», *Nueva Estafeta,* 52, pp. 110-2.

Miller, Yvette, E. (1975): *La novelística de Gabriel Miró,* Madrid, Códice.

Montero, Isaac (1969): «Los premios o treinta años de falsa fecundidad» en *Treinta años de Literatura, Cuadernos para el diálogo,* XIV, pp. 73-84.

Morán, Fernando (1971): *Novela y semidesarrollo,* Madrid, Taurus.

——————— (1971): *Explicación de una limitación,* Madrid, Taurus (Cuadernos).

Navajas, Gonzalo (1979): *La novela de Juan Goytisolo,* Madrid, S.G.E.L.

Nonoyama, Michiko (1980): *El anarquismo en las obras de Ramón J. Sender,* Madrid, Playor.

Nora, Eugenio G. de (1973): *La novela española contemporánea,* 2.ª ed., Madrid, Gredos.

Ortega y Gasset, José (1966): *Obras completas,* Madrid, Revista de Occidente, 6.ª ed. Interesa especialmente el vol. III. Recoge entre otros «La deshumanización del Arte» e «Ideas sobre la novela».

——————— (1966): *El espectador,* Madrid, Espasa-Calpe.

Palomo Vázquez, Pilar (1981): Artículo sobre «Novela» en *G.E.R.,* vol. XVII, Madrid, Rialp (2.ª reimp.).

Pérez Gállego, Cándido (1975): *Literatura y contexto social,* Madrid, S.G.E.L.

——————— (1975): *Literatura norteamericana,* Barcelona, Planeta.

Pérez Minik, Domingo (1957): *Novelistas españoles de los siglos XIX y XX,* Madrid, Guadarrama.

Pol Arrojo, J. (1970): *El libro y su comercialización,* Madrid, Paraninfo.

Ponce de León, José Luis (1971): *La novela española de la guerra civil (1936-1939),* Madrid, Insula.

Prjevalinsky, O. (1960): *El sistema estético de Camilo J. Cela, estructura y expresividad,* Valencia, Castalia.

Propp, Vladimir (1971): *Morfología del cuento,* Madrid, Fundamentos.

Ramos Pérez, Vicente (1970): *El mundo de Gabriel Miró,* Madrid, Gredos, 2.ª ed. corregida y aumentada.

——————— (1979): *Gabriel Miró,* Alicante, Instituto de Estudios Alicantinos.

Rey, Alfonso (1975): *La originalidad novelística de Miguel Delibes,* Universidad de Santiago de Compostela.

——————— (1977): *Construcción y sentido de «Tiempo de silencio»,* Madrid, Porrúa.

Ricardou, Jean (1973): *Le nouveau roman,* París, Seuil.

Rico, Eduardo G. (1971): *Literatura y política. (En torno al realismo español),* Madrid, Edicusa.

Río, Ángel del (1963): *Historia de la Literatura española,* Nueva York.

Río, Emilio del (1971): *Novela intelectual,* Madrid, Prensa Española.

Ríos Ruiz, Manuel (1981): «Los 'aventis' de Juan Marsé, el novelista de nuestro tiempo», *Nueva Estafeta,* 27, pp. 71-4.

Rivas, J. (1967): *El escritor y su senda. Estudio crítico literario sobre Ramón J. Sender,* México D.F., Mexicanos Unidos.

Roberts, Gemma (1973): *Temas existenciales de la novela española de postguerra,* Madrid, Gredos.

Rodríguez Almodóvar, Antonio (1976): *La estructura de la novela burguesa,* Madrid, Taller Ediciones J.B.

Rodríguez Monegal, Emir (1976): «La narrativa hispanoamericana. Hacia una nueva 'poética'», en el colectivo *Teoría de la novela,* Madrid, S.G.E.L. pp. 171-228,

Romero, Héctor R. (1979): *La evolución literaria de Juan Goytisolo,* Miami, Edición Universal.

Rubert de Ventós, Xavier (1971): *Moral y nueva cultura,* Madrid, Alianza.

Rubio, Rodrigo (1970): *Narrativa española (1940-1970),* Madrid, Epesa.

Ruiz-Castillo Basala, José (1972): *El apasionante mundo del libro. Memorias de un editor,* Barcelona, Agrupación Nacional del Comercio del Libro.

Sáinz de Robles, Federico (1957): *La novela española en el siglo XX,* Madrid, Pegaso.

_____ (1959): *La novela corta española,* Madrid, Aguilar, 2.ª ed.

_____ (1967): «La novela realista y el teatro de costumbres en el siglo XX» en *Historia General de las Literaturas Hispánicas,* vol. VI, Barcelona, Vergara.

Santonja, J. P. (1977): *Los novelistas sociales españoles,* Madrid, Ayuso.

Sanz Villanueva, Santos (1972): *Tendencias de la novela española actual,* Madrid, Cuadernos para el Diálogo.

_____ (1977): *Lectura de Juan Goytisolo,* Barcelona, Ámbito literario.

_____ (1980): *Historia de la novela social española,* Madrid, Alhambra, 2 vols.

Sanz Villanueva, S. y Díez Borque, J. M. (1970): «Sociología del fenómeno literario. Encuesta», en *Literatura Española. A treinta años del siglo XXI, Cuadernos para el diálogo,* XXIII, pp. 77-91.

Sartre, Jean P. (1967): *¿Qué es la literatura?,* Buenos Aires, Losada, 4.ª ed.

Shaw, Donald (1977): *La generación del 98,* Madrid, Cátedra.

Sherzer, William (1982): *Juan Marsé, entre la ironía y la dialéctica,* Madrid, Fundamentos.

Sobejano, Gonzalo (1975): *Novela española de nuestro tiempo,* Madrid, Prensa Española, 2.ª ed. corregida y aumentada.

Soldevila Durante, Ignacio (1980): *La novela desde 1936,* Madrid, Alhambra.

Stanton, Robert (1969): *Introducción a la narrativa,* Buenos Aires, Carlos Pérez.

Suárez Solís, S. (1969): *El léxico de Camilo José Cela,* Madrid, Alfaguara.

Todorov, Tzvetan (1970): *Teoría de la literatura de los formalistas rusos,* Buenos Aires, Signos.

_____ (1973): *Gramática del Decamerón,* Madrid, Taller Ediciones J.B.

Tomachevski, B. (1970): «Temática», en el colectivo *Teoría de la Literatura de los formalistas rusos,* Buenos Aires, Signos.

Torre, Guillermo de (1971): *Historia de las vanguardias,* Madrid, Guadarrama, 2.ª ed., 3 vols.

_____ (1965): «Vagabundeos críticos por el mundo de Cela», en *La difícil universalidad española,* Madrid, Gredos, pp. 283-309.

Torrente Ballester, Gonzalo (1977): *Acerca del novelista y de su arte,* Madrid, Real Academia.

_____ (1961): *Panorama de la literatura española contemporánea,* Madrid, Guadarrama, 2.ª ed.

_____ (1949): *Literatura española contemporánea (1898-1936),* Madrid, Afrodisio Aguado.

Umbral, Francisco (1970): *Miguel Delibes,* Madrid, Epesa.

_____ (1978): *Ramón y las vanguardias,* Madrid, Espasa-Calpe.

Urrutia, Jorge (1980): *El novecentismo y la renovación vanguardista,* Madrid, Cincel.

Valverde, José María (1981): *Ulises,* ed. de _____, Barcelona, Bruguera-Lumen, 4.ª ed.

Varela Jácome, Benito (1976): *Renovación de la novela en el siglo XX,* Barcelona, Destino.

Velilla, Ricardo (1981): *La literatura del exilio a partir del 36,* Madrid, Cincel.

Vicens Vives, J. (1968): *Aproximación a la historia de España,* Barcelona, Vicens Vives, 5.ª ed.

_____ (1977): *Historia económica de España,* Barcelona, Vicens Vives, 9.ª ed., 4.ª reedición.

Vidal, R. (1964): *Gabriel Miró. Le Style. Les moyens d'expression,* Burdeos, Feret et Fils.

Villanueva, Darío (1977): *Estructura y tiempo reducido en la novela,* Valencia, Bello.

_____ (1973): *«El Jarama» de Sánchez Ferlosio; su estructura y significado,* Santiago, Universidad.

_____ (1981): «La novela», en *El año literario español 1980,* Madrid, Castalia.

V.V.A.A. (1977): *Novela española actual,* Madrid, Cátedra.

V.V.A.A. (1968): *Prosa novelesca actual,* Madrid, Universidad Internacional Menéndez Pelayo.

V.V.A.A. (1969): *Prosa novelesca actual. Segunda reunión,* Madrid, Universidad Internacional Menéndez Pelayo.

V.V.A.A. (1970): «La crítica literaria en España», en *Literatura española. A treinta años del siglo XXI, Cuadernos para el Diálogo,* XXIII, pp. 31-7.

V.V.A.A. (1981): *Pérez de Ayala visto en su centenario: 1880-1980. Once estudios críticos sobre el escritor y su obra,* Oviedo, I.C.E.A.

Watkins, A. T. (1954): *Eroticism in the Novels of Felipe Trigo,* Nueva York, Bookman Associates.

Yerro Villanueva, Tomás (1977): *Aspectos técnicos y estructurales de la novela española actual,* Pamplona, Eunsa.

Ynduráin, Domingo (1976): «Hacia la novela como género literario», en el colectivo *Teoría de la novela,* Madrid, S.G.E.L. pp. 145-70.

Zamora Vicente, Alonso (1962): *Camilo José Cela (acercamiento a un escritor),* Madrid, Gredos.

Zavala, Iris M. (1976): «El triunfo del canónigo: Teoría y novela en la España del siglo XIX (1800-1875)», en el colectivo *Teoría de la novela,* Madrid, S.G.E.L. pp. 93-139.

Zuleta, Emilia de (1977): *Arte y vida en la obra de Benjamín Jarnés,* Madrid, Gredos.